Italian
Picture Dictionary

Italian
Picture Dictionary

Berlitz Publishing/APA Publications GmbH & Co. Verlag KG
Singapore Branch, Singapore

Contacting the Editors
Every effort has been made to provide accurate information in this publication, but changes are inevitable. The publisher cannot be responsible for any resulting loss, inconvenience or injury. We would appreciate it if readers would call our attention to any errors or outdated information by contacting Berlitz Publishing, 95 Progress Street, Union, NJ 07083, USA. Fax: 1-908-206-1103, email: comments@berlitzbooks.com

All Rights Reserved
© 2004 Berlitz Publishing / APA Publications GmbH & Co. Verlag KG
Singapore Branch, Singapore

Trademark Reg. U.S. Patent Office and other countries. Marca Registrada. Used under license from Berlitz Investment Corporation.

Berlitz Kids is a trademark of, and the Berlitz name and logotype are registered trademarks of, Berlitz Investment Corporation. Used under license.

Cover illustration by Chris L. Demarest
Interior illustrations by Chris L. Demarest (pages 3, 5, 7-9, 12-23, 26-43, 46-51, 54-67, 70-75, 78-85, 88-107, and 110-119)
Anna DiVito (pages 24, 25, 52, 53, 76, 77, 86, 87, and 120-123)
Claude Martinot (pages 10, 11, 44, 45, 68, 69, 108, and 109)

Printed in United States

ISBN 981-246-390-9

Dear Parents,

The Berlitz Kids™ *Picture Dictionary* will create hours of fun and productive learning for you and your child. Children love sharing books with adults, and reading together is a natural way for your child to develop second-language skills in an enjoyable and entertaining way.

In 1878, Professor Maximilian Berlitz had a revolutionary idea about making language learning accessible and fun. These same principles are still successfully at work today. Now, more than a century later, people all over the world recognize and appreciate his innovative approach. Berlitz Kids™ combines the time-honored traditions of Professor Berlitz with current research to create superior products that truly help children learn foreign languages.

Berlitz Kids™ materials let your child gain access to a second language in a positive way. The content and vocabulary in this book have been carefully chosen by language experts to provide basic words and phrases that form the foundation of a core vocabulary. In addition, the book will delight your child, since each word is used in an amusing sentence in both languages, and then illustrated in an engaging style. The pictures are a great way to capture your child's attention!

You will notice that most words are listed as separate entries. Every so often, though, there is a special page that shows words grouped together by theme. For example, if your child is especially interested in animals, he or she will find a special Animals page with lots of words and pictures grouped there—in both English and the foreign language. In addition, to help your child with phrases used in basic conversation, you and your child may want to look at the back of the book, where phrases about such things as meeting new people and a family dinner can be found.

The Berlitz Kids™ *Picture Dictionary* has an easy-to-use index at the back of the book. This index lists the words in alphabetical order in the second language, and then gives the English translation, and the page number where the word appears in the main part of the book.

We hope the Berlitz Kids™ *Picture Dictionary* will provide you and your child with hours of enjoyable learning.

The Editors at Berlitz Kids™

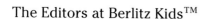

a/an
un/uno

A sandwich and an apple are the cat's lunch.

Per pranzo il gatto mangia un panino e una mela.

across
dall'altra parte

The fork is across from the spoon.

La forchetta è dall'altra parte rispetto al cucchiaio.

to add
fare le addizioni

I like to add numbers.

Mi piace fare le addizioni.

adventure
l'avventura

What an adventure!

Che avventura!

afraid, to be
avere paura

The elephant is afraid.

L'elefante ha paura.

after
dopo

She eats an apple after lunch.

Dopo pranzo, lei mangia una mela.

again
continuamente

She jumps again and again.

Lei salta continuamente.

to agree
andare d'accordo

They need to agree.

Loro devono andare d'accordo.

air
l'aria

A balloon is full of air.

Un palloncino è pieno d'aria.

airplane *See Transportation (page 108).*
l'aeroplano *Vedi I mezzi di trasporto (pagina 108).*

airport
l'aeroporto

Airplanes land at an airport.

Gli aeroplani atterrano all'aeroporto.

all
tutto

All the frogs are green.

Tutte le rane sono verdi.

alligator *See Animals (page 10).*
l'alligatore *Vedi Gli animali (pagina 10).*

almost
quasi

He can almost reach it.

Riesce quasi a toccarla.

along
lungo

There are birds along the path.

Ci sono degli uccelli lungo il sentiero.

already
già

He already has a hat.

Lui ha già un cappello.

and
e

I have two sisters and two brothers.

Io ho due sorelle e due fratelli.

to answer
rispondere

Who wants to answer the teacher's question?

Chi vuole rispondere alla domanda della maestra?

ant *See Insects (page 52).*
la formica *Vedi Gli insetti (pagina 52).*

apartment
l'appartamento

He is in the apartment.

Lui è nell'appartamento.

apple
la mela

The apple is falling.

La mela sta cadendo.

April
aprile

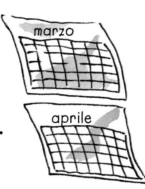

The month after March is April.

Il mese che viene dopo marzo è aprile.

arm *See People (page 76).*
il braccio *Vedi Le persone (pagina 76).*

armadillo
l'armadillo

Some armadillos live in Mexico.

Alcuni armadilli vivono in Messico.

around
intorno

Someone is walking around the stool.

Qualcuno sta camminando intorno allo sgabello.

art
l'arte

Is it art?

È arte?

as
come

He is as tall as a tree!

Lui è alto come un albero!

Animals
Gli animali

kangaroo
il canguro

monkey
la scimmia

lion
il leone

elephant
l'elefante

bear
l'orso

giraffe
la jirafa
giraffa

jaguar
il giagnaro

llama
il lama

alligator
l'alligatore

snake
il serpente

fox
la volpe

hippopotamus
l'ippopotamo

cow
la mucca

horse
il cavallo

rooster
il gallo

rabbit
il coniglio

goat
la capra

chicken
il pollo

sheep
la pecora

pig
il maiale

fish
il pesce

duck
l'anatra

frog
la rana

to ask
domandare

It is time to ask, "Where are my sheep?"

È il momento di domandare: "Dove sono le mie pecore?"

aunt
la zia

My aunt is my mom's sister.

Mia zia è la sorella della mia mamma.

at
a

The cat is at home.

Il gatto è a casa.

awake
sveglio

The duck is awake.

L'anatra è sveglia.

attic *See Rooms in a House (page 86).*
la soffitta *Vedi Le stanze di una casa (pagina 86).*

August
agosto

The month after July is August.

Il mese che viene dopo luglio è agosto.

away
via

The cat is going away.

Il gatto sta andando via.

baby
il bambino

The baby likes
to eat bananas.

**Al bambino
piacciono le banane.**

back
la schiena

She is scratching
his back.

**Lei gli sta grattando
la schiena.**

bad
cattivo

What a bad,
bad monster!

Che mostro cattivo!

bag
il sacchetto

The bag is full.

Il sacchetto è pieno.

bakery
il panificio

Mmm! Everything at
the bakery smells great!

**Che buon profumo
al panificio!**

ball
la palla

Can he catch
the ball?

**Riuscirà a
prendere la palla?**

balloon
il palloncino

It is a balloon!

È un palloncino!

banana
la banana

The bananas
are in the bowl.

**Le banane sono
nella scodella.**

band
la banda

The band is loud.

**La banda suona
così forte!**

bandage
il cerotto

She has a bandage
on her knee.

**Lei ha un cerotto
sul ginocchio.**

B

bank
il salvadanaio

Put your money
into the bank!

**Metti i soldi nel
salvadanaio!**

barber
il barbiere

The barber
cuts my hair.

**Il barbiere mi
taglia i capelli.**

to bark
abbaiare

Dogs like
to bark.

**Ai cani piace
abbaiare.**

baseball
il baseball
See Games and Sports (page 44).
*Vedi I giochi e gli sport
(pagina 44).*

basement
la cantina
See Rooms in a House (page 86).
*Vedi Le stanze di una casa
(pagina 86).*

basket
il cestino

What is in
the basket?

**Che cosa c'è
nel cestino?**

basketball
la pallacanestro
See Games and Sports (page 44).
*Vedi I giochi e gli sport
(pagina 44).*

bat
il pipistrello

The bat is sleeping.

**Il pipistrello sta
dormendo.**

bat
la mazza

Hit the ball
with the bat!

**Colpisci la palla
con la mazza!**

bath
il bagno

She is taking a bath.

**Lei sta facendo
il bagno.**

bathroom
il bagno
See Rooms in a House (page 86).
*Vedi Le stanze di una casa
(pagina 86).*

to be
essere

Would you like
to be my friend?

**Vuoi essere mio
amico?**

beach
la spiaggia

I like to play
at the beach.

**Mi piace giocare
sulla spiaggia.**

bed
il letto

The bed is next
to the table.

**Il letto è vicino
al tavolo.**

beans
i fagioli

He likes to eat beans.

**Gli piacciono
i fagioli.**

bedroom   *See Rooms in a House (page 86).*
la camera da letto
Vedi Le stanze di una casa (pagina 86).

bee   *See Insects (page 52).*
l'ape   *Vedi Gli insetti (pagina 52).*

beetle   *See Insects (page 52).*
lo scarafaggio   *Vedi Gli insetti (pagina 52).*

bear   *See Animals (page 10).*
l'orso   *Vedi Gli animali (pagina 10).*

beautiful
bello

Look at the
beautiful things.

**Guarda quante
belle cose.**

before
prima

Put on your socks
before you put on
your shoes.

**Mettiti i calzini
prima di mettere
le scarpe.**

because
perché

She is wet
because it is raining.

**È bagnata perché
sta piovendo.**

to begin
cominciare

She begins
to paint.

**Lei comincia a
dipingere.**

behind
dietro

The boy is
behind the tree.

**Il ragazzo è
dietro l'albero.**

to believe
credere

This is too
good to believe.

**È troppo bello
per crederci.**

bell
il campanello

Don't ring that bell!

**Non suonare
quel campanello!**

belt *See Clothing (page 24).*
la cintura *Vedi L'abbigliamento (pagina 24).*

berry
la bacca

Those berries
look good.

**Quelle bacche
sembrano buone.**

best
il migliore

The red box
is the best.

**La scatola rossa è
la migliore.**

better
meglio

The belt is better
than the pin.

**La cintura è meglio
della spilla.**

between
tra

He is between
two trees.

**Lui è tra due
alberi.**

bicycle *See Transportation (page 108).*
la bicicletta *Vedi I mezzi di trasporto (pagina 108).*

big
grosso

He is very big.

**Lui è molto
grosso.**

biking *See Games and Sports (page 44).*
il ciclismo *Vedi I giochi e gli sport (pagina 44).*

bird
l'uccello

The bird is flying south for winter.

L'uccello vola verso il sud per l'inverno.

birthday
il compleanno

She is one year old today. Happy birthday!

Lei compie un anno oggi. Buon compleanno!

black *See Numbers and Colors (page 68).*
nero *Vedi I numeri e i colori (pagina 68).*

blank
vuoto

The pages are blank.

Le pagine sono vuote.

blanket
la coperta

What is under that blanket?

Cosa c'è sotto quella coperta?

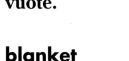

blouse *See Clothing (page 24).*
la camicetta *Vedi L'abbigliamento (pagina 24).*

to blow
soffiare

The wind is starting to blow.

Il vento comincia a soffiare.

blue *See Numbers and Colors (page 68).*
blu *Vedi I numeri e i colori (pagina 68).*

boat *See Transportation (page 108).*
la barca *Vedi I mezzi di trasporto (pagina 108).*

book
il libro

I am reading a book.

Sto leggendo un libro.

bookstore
la libreria

You can buy a book at a bookstore.

Puoi comprare un libro nella libreria.

boots *See Clothing (page 24).*
gli stivali *Vedi L'abbigliamento (pagina 24).*

bottle
la bottiglia

The straw is in
the bottle.

**La cannuccia è nella
bottiglia.**

bowl
la scodella

Some food is still
in the bowl.

**C'è ancora un po'
di cibo nella
scodella.**

bowling *See Games and Sports (page 44).*
il bowling *Vedi I giochi e gli sport
(pagina 44).*

box
la scatola

Why is that fox
in the box?

**Perché la volpe
è nella scatola?**

boy
il ragazzo

The boys
are brothers.

**I ragazzi sono
fratelli.**

branch
il ramo

Oh, no! Get off
that branch!

**Oh, no! Scendi
da quel ramo!**

brave
coraggioso

What a brave
mouse!

**Che topo
coraggioso!**

bread
il pane

He likes bread with
butter and jam.

**Gli piace il pane
con il burro e
la marmellata.**

to break
rompere

It is easy to
break an egg.

**È facile rompere
un uovo.**

breakfast
la colazione

He eats breakfast
in the morning.

**La mattina fa
colazione.**

bridge
il ponte

The boat is under the bridge.

La barca è sotto il ponte.

to bring
portare

She wants to bring the lamb to school.

Lei vuole portare l'agnello a scuola.

broom
la scopa

A broom is for sweeping.

La scopa serve a scopare.

brother
il fratello

He is my brother.

Lui è mio fratello.

brown *See Numbers and Colors (page 68).*

marrone *Vedi I numeri e i colori (pagina 68).*

brush
la spazzola

I need a brush.

Ho bisogno della spazzola.

bubble
la bolla

The bathtub is full of bubbles.

La vasca da bagno è piena di bolle.

bug
l'insetto

Do you know the name of this bug?

Sai il nome di questo insetto?

to build
costruire

I want to build a box.

Voglio costruire una scatola.

bus *See Transportation (page 108).*
l'autobus *Vedi I mezzi di trasporto (pagina 108).*

butterfly *See Insects (page 52).*
la farfalla *Vedi Gli insetti (pagina 52).*

bush
il cespuglio

A bird is in the bush.

Nel cespuglio c'è un uccello.

button
il bottone

One button is missing.

Manca un bottone.

busy
occupato

He is very busy.

Lui è molto occupato.

to buy
comprare

He wants to buy a banana.

Vuole comprare una banana.

but
ma

The pencil is on the table, but the book is on the chair.

La matita è sul tavolo, ma il libro è sulla sedia.

by
vicino

She is standing by the cheese.

È vicino al formaggio.

butter
il burro

The bread and butter taste good.

Pane e burro è così buono!

cage
la gabbia

The bird is
on the cage.

**L'uccello è sulla
gabbia.**

cake
la torta

She likes cake.

Le piace la torta.

to call
chiamare

Remember to call
me later.

**Ricordati
di chiamarmi
più tardi.**

camel
il cammello

The camel is hot.

**Il cammello
ha caldo.**

camera
la macchina fotografica

Smile for the
camera!

**Sorridi davanti
alla macchina
fotografica!**

can
la lattina

What is in that can?

**Che cosa c'è in
quella lattina?**

candle
la candela

She is lighting
the candle.

**Lei sta accendendo
la candela.**

candy
la caramella

Candy is sweet.

**Le caramelle
sono dolci.**

cap
il berretto

See Clothing (page 24).

*Vedi L'abbigliamento
(pagina 24).*

car *See Transportation (page 108).*
l'automobile *Vedi I mezzi di trasporto (pagina 108).*

card
la carta

He has five cards.

Lui ha cinque carte.

to care
prendersi cura

Her job is to care for pets.

Il suo lavoro è prendersi cura degli animali.

carpenter
il falegname

A carpenter makes things with wood.

Il falegname lavora il legno.

carrot
la carota

A carrot is orange.

La carota è arancione.

to carry
portare

Are you sure you want to carry that?

Sei sicura di volerlo portare?

castanets
le nacchere

Click the castanets to the music!

Batti le nacchere al suono della musica!

castle
il castello

The king lives in a castle.

Il re vive in un castello.

cat
il gatto

The cat sees the mouse.

Il gatto vede il topo.

caterpillar
il bruco *See Insects (page 52)*
Vedi Gli insetti (pagina 52).

to catch
prendere

He runs to catch the ball.

Corre per prendere la palla.

cave
la caverna

Who lives in the cave?

Chi vive nella caverna?

to celebrate
festeggiare

They are here to celebrate his birthday.

Sono qui per festeggiare il suo compleanno.

chair
la sedia

He is sitting on a chair.

È seduto su una sedia.

chalk
il gesso

You can write with chalk.

Con il gesso si può scrivere.

to change
cambiarsi

He wants to change his shirt.

Vuole cambiarsi la camicia.

to cheer
fare il tifo

It is fun to cheer for our team.

È divertente fare il tifo per la nostra squadra.

cheese
il formaggio

The mouse likes cheese.

Al topo piace il formaggio.

Clothing
L'abbigliamento

vest
il gilet

hat
il cappello

raincoat
l'impermeabile

cap
il berretto

earmuffs
i copriorecchie

jacket
la giacca

shirt
la camicia

tie
la cravatta

belt
la cintura

pants
i pantaloni

gloves
i guanti

socks
i calzini

sneakers
le scarpe da ginnastica

dress
il vestito

coat
il cappotto

mittens
le manopole

boots
gli stivali

scarf
la sciarpa

blouse
la camicetta

sweater
il maglione

skirt
la gonna

shoes
le scarpe

shawl
lo scialle

25

cherry
la ciliegia

He wants a cherry.

**Lui vuole
una ciliegia.**

chicken   *See Animals (page 10).*
il pollo   *Vedi Gli animali (pagina 10).*

child
il bimbo

She is a
happy child.

**È una bimba
allegra.**

chocolate
il cioccolato

He likes chocolate.

**Gli piace
il cioccolato.**

circle
il cerchio

It is drawing
a circle.

**Sta disegnando
un cerchio.**

circus
il circo

There are clowns
at a circus.

**Al circo ci sono
i pagliacci.**

city
la città

This cow does not
live in the city.

**Questa mucca
non vive in città.**

to clap
battere le mani

He likes to clap
when he is happy.

**Gli piace battere
le mani quando
è felice.**

class
la classe

There is an elephant
in my class.

**C'è un elefante
nella mia classe.**

classroom
l'aula

A teacher works in a classroom.

Il maestro lavora nell'aula.

clean
pulito

The car is very clean.

L'automobile è molto pulita.

to clean
pulire

He is starting to clean his room.

Sta cominciando a pulire la sua stanza.

to climb
salire

The bear likes to climb the tree.

All'orso piace salire sull'albero.

clock
l'orologio

A clock tells time.

L'orologio segna le ore.

close
vicino

The turtle is close to the rock.

La tartaruga è vicina alla roccia.

to close
chiudere

He is going to close the window.

Lui sta per chiudere la finestra.

closet *See Rooms in a House (page 86).*
il ripostiglio *Vedi Le stanze di una casa (pagina 86).*

cloud
la nuvola

The sun is behind the cloud.

Il sole è dietro la nuvola.

clown
il pagliaccio

The clown
is funny.

**Il pagliaccio è
divertente.**

coat *See Clothing (page 24).*
il cappotto *Vedi L'abbigliamento (pagina 24).*

cold
freddo

It is cold
in here!

**Fa freddo
qui dentro!**

comb
il pettine

Where is
my comb?

**Dov'è il mio
pettine?**

to comb
pettinare

He likes to comb
his hair.

**Gli piace pettinarsi
i capelli.**

to come
venire

Come here!

Vieni qui!

computer
il computer

I think she is working
at her computer too long.

**Io penso che lei
lavori troppo
al computer.**

to cook
cucinare

It is fun to cook.

**Cucinare è
divertente.**

cookie
il biscotto

Mary wants
a cookie.

**Maria vuole
un biscotto.**

to count
contare

There are too many
stars to count.

**Ci sono troppe stelle
per poterle contare.**

country
la campagna

The country
is beautiful.

**La campagna
è bella.**

cow *See Animals (page 10).*
la mucca
Vedi Gli animali (pagina 10).

crayons
i pastelli a cera

She is drawing
with her crayons.

**Lei sta disegnando
con i pastelli
a cera.**

cricket *See Games and Sports (page 44).*
il cricket
Vedi I giochi e gli sport (pagina 44).

cricket *See Insects (page 52).*
il grillo
Vedi Gli insetti (pagina 52).

crowded
affollato

This elevator
is crowded.

**Questo ascensore
è affollato.**

to cry
piangere

Try not to cry!

**Cerca di non
piangere!**

cup
la tazza

He is drinking water
from the cup.

**Lui beve l'acqua
dalla tazza.**

to cut
tagliare

He cuts the carrots.

Lui taglia le carote.

cute
carino

She thinks her
baby is cute.

**Lei pensa che
il suo bambino
è carino.**

D

dad
il papà

My dad and
I look alike.

**Io ed il mio papà
ci assomigliamo.**

to dance
ballare

The pig likes
to dance and
play the drum.

**Al maiale piace
ballare e suonare
il tamburo.**

danger
il pericolo

He is in danger.

Lui è in pericolo.

dark
buio

It is dark at night.

Di notte è buio.

day
il giorno

The sun shines in the day.

**Di giorno splende
il sole.**

December
dicembre

The month after
November is December.

**Il mese che viene
dopo novembre
è dicembre.**

to decide
decidere

It is hard to decide.

È difficile decidere.

decision
la decisione

That is a good
decision.

**Quella è una buona
decisione.**

deck *See Rooms in a House (page 86).*
la terrazza *Vedi Le stanze di una casa (pagina 86).*

decorations
le decorazioni

The decorations
look great!

**Le decorazioni
sono magnifiche!**

deer
il cervo

The deer is running in the woods.

Il cervo corre nel bosco.

dentist
il dentista

The dentist has a lot to do.

La dentista ha molto da fare.

department
il reparto

This is the hat department.

Questo è il reparto dei cappelli.

desk
la scrivania

The desk is very messy.

La scrivania è molto disordinata.

different
diverso

The one in the middle is different.

Quello al centro è diverso.

difficult
difficile

This is difficult!

Questo è difficile!

to dig
scavare

A dog uses its paws to dig.

Un cane usa le zampe per scavare.

dining room
sala da pranzo

See Rooms in a House (page 86).

Vedi Le stanze di una casa (pagina 86).

dinner
la cena

We have dinner at 6 o'clock.

Mangiamo la cena alle 6.

dinosaur
il dinosauro

The dinosaur is having fun.

Il dinosauro si diverte.

dirty
sporco

The pig is dirty.

Il maiale è sporco.

dish
il piatto

Do not drop the dishes!

Non far cadere i piatti!

to do
fare

He has a lot to do.

Lui ha molto da fare.

doctor
il dottore

The doctor checks the baby.

Il dottore visita il bambino.

dog
il cane

The dog has a funny hat.

Il cane ha un cappello buffo.

doll
la bambola

The doll is in a box.

La bambola è in una scatola.

dolphin
il delfino

Dolphins live in the sea.

I delfini vivono nel mare.

donkey
l'asino

The donkey is sleeping.

L'asino sta dormendo.

door
la porta

What is behind the door?

Che cosa c'è dietro la porta?

down
giù

The elevator is going down.

L'ascensore sta andando giù.

dragon
il drago

The dragon is cooking lunch.

Il drago sta preparando il pranzo.

to draw
disegnare

He likes to draw.

Gli piace disegnare.

drawing
il disegno

Look at my drawing!

Guarda il mio disegno!

dress *See Clothing (page 24).*
il vestito *Vedi L'abbigliamento (pagina 24).*

to drink
bere

She likes to drink milk.

Le piace bere il latte.

to drive
guidare

He is too small to drive.

Lui è troppo piccolo per guidare.

to drop
far cadere

He is going to drop the pie.

Lui sta per far cadere la torta.

drum
il tamburo

He can play the drum.

Lui sa suonare il tamburo.

dry
asciutto

The shirt is dry.

La camicia è asciutta.

duck *See Animals (page 10).*
l'anatra *Vedi Gli animali (pagina 10).*

dust
la polvere

There is dust under the bed.

C'è della polvere sotto al letto.

E

each
ciascun

Each snowflake is different.

Ciascun fiocco di neve è diverso.

ear
l'orecchio
See People (page 76).

Vedi Le persone (pagina 76).

early
presto

The sun comes up early in the morning.

Il sole sorge presto al mattino.

earmuffs
i copriorecchie
See Clothing (page 24).

Vedi L'abbigliamento. (pagina 24).

to earn
guadagnare

We work to earn money.

Noi lavoriamo per guadagnare i soldi.

east
l'est

The sun comes up in the east.

Il sole sorge ad est.

to eat
mangiare

This bird likes to eat worms.

A quest'uccello piace mangiare i vermi.

egg
l'uovo

The hen has laid an egg.

La gallina ha fatto un uovo.

eight
otto
See Numbers and Colors (page 68).

Vedi I numeri e i colori (pagina 68).

eighteen
diciotto
See Numbers and Colors (page 68).

Vedi I numeri e i colori (pagina 68).

eighty
ottanta
See Numbers and Colors (page 68).

Vedi I numeri e i colori (pagina 68).

elephant
l'elefante
See Animals (page 10).

Vedi Gli animali (pagina 10).

eleven
undici
See Numbers and Colors (page 68).

Vedi I numeri e i colori (pagina 68).

empty
vuoto

The bottle is empty.

La bottiglia è vuota.

to end
finire

It is time to end
the game.

**È ora di finire
il gioco.**

enough
abbastanza

He has enough
food!

**Lui ha abbastanza
da mangiare!**

every
ogni

Every egg
is broken.

Ogni uovo è rotto.

everyone
ognuno

Everyone here
has spots!

**Ognuno di loro ha
delle macchie!**

everything
ogni cosa

Everything
is purple.

**Ogni cosa qui
dentro è viola.**

everywhere
dappertutto

There are balls
everywhere.

**Ci sono palle
dappertutto.**

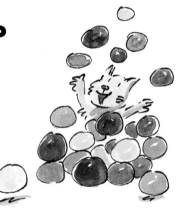

excited
su di giri

He is excited.

Lui è su di giri.

eye   *See People (page 76).*
l'occhio   *Vedi Le persone (pagina 76).*

F

face *See People (page 76).*
la faccia *Vedi Le persone (pagina 76).*

factory
la fabbrica

Cans are made in
this factory.

**Le lattine vengono
fatte in questa
fabbrica.**

to fall
cadere

He is about
to fall.

Lui sta per cadere.

fall
l'autunno

It is fall.

È autunno.

family
la famiglia

This is a big
family.

**Questa è una
grande famiglia.**

fan
il ventilatore

Please, turn off
the fan!

**Per favore, spegni
il ventilatore!**

far
lontano

The moon is
far away.

**La luna è molto
lontana.**

faraway
lontano

She is going to a
faraway place.

**Parte per un
posto lontano.**

fast
veloce

That train is
going fast!

**Quel treno va
veloce!**

fat
grasso

The pig is fat.

**Il maiale
è grasso.**

father
il padre

My father and
I look alike.

**Io e mio padre
ci assomigliamo.**

fence
la staccionata

There is a zebra
on my fence.

**C'è una zebra sulla
mia staccionata.**

favorite
preferito

This is my favorite toy.

**Questo è il mio
giocattolo preferito.**

fifteen *See Numbers and Colors (page 68).*
quindici *Vedi I numeri e i colori (pagina 68).*

fifty *See Numbers and Colors (page 68).*
cinquanta *Vedi I numeri e i colori (pagina 68).*

feather
la piuma

The feather is
tickling her nose.

**La piuma le fa il
solletico al naso.**

to find
trovare

He is trying to
find his kite.

**Vuole trovare il
suo aquilone.**

February
febbraio

The month after
January is February.

**Il mese che viene
dopo gennaio
è febbraio.**

finger *See People (page 76).*
il dito *Vedi Le persone (pagina 76).*

to feel
sentire

He likes to
feel safe.

**Gli piace sentirsi
al sicuro.**

fire
il fuoco

He can put
out the fire.

**Lui può spegnere
il fuoco.**

firefighter
il pompiere

The firefighter has
boots and a hat.

**Il pompiere ha
gli stivali ed
il cappello.**

firefly *See Insects (page 52).*
la lucciola *Vedi Gli insetti (pagina 52).*

firehouse
la caserma
dei pompieri

Welcome to the firehouse!

**Benvenuti alla
caserma dei
pompieri.**

first
il primo

The yellow one is
first in line.

**Quello giallo è
il primo della fila.**

fish *See Animals (page 10).*
il pesce *Vedi Gli animali (pagina 10).*

five *See Numbers and Colors (page 68).*
cinque *Vedi I numeri e i colori (pagina 68).*

to fix
riparare

She wants to
fix it.

Lei vuole ripararla.

flag
la bandiera

There is a flag above
her hat.

**C'è una bandiera
sul suo cappello.**

flat
sgonfio

The tire is flat.

**La ruota
è sgonfia.**

flea *See Insects (page 52).*
la pulce *Vedi Gli insetti (pagina 52).*

floor
il pavimento

There is a hole
in the floor.

**C'è un buco nel
pavimento.**

flower
il fiore

The flower is growing.

Il fiore sta crescendo.

flute
il flauto

Robert plays the flute.

Roberto suona il flauto.

fly   *See Insects (page 52).*
la mosca   *Vedi Gli insetti (pagina 52).*

to fly
volare

The bee wants to fly.

L'ape vuole volare.

fog
la nebbia

He is walking in the fog.

Lui cammina nella nebbia.

food
il cibo

He eats a lot of food.

Lui mangia un sacco di cibo.

foot   *See People (page 76).*
il piede   *Vedi Le persone (pagina 76).*

for
per

This is for you.

Questo è per te.

to forget
dimenticare

He does not want to forget his lunch!

Non vuole mica dimenticare il suo pranzo!

fork
la forchetta

He eats with a fork.

Lui mangia con la forchetta.

forty *See Numbers and Colors (page 68).*
quaranta *Vedi I numeri e i colori (pagina 68).*

four *See Numbers and Colors (page 68).*
quattro *Vedi I numeri e i colori (pagina 68).*

fourteen *See Numbers and Colors (page 68).*
quattordici *Vedi I numeri e i colori (pagina 68).*

fox *See Animals (page 10).*
la volpe *Vedi Gli animali (pagina 10).*

Friday
venerdì

On Fridays, we go to the park.

Il venerdì andiamo al parco.

friend
l'amico

We are good friends.

Noi siamo buoni amici.

frog *See Animals (page 10).*
la rana *Vedi Gli animali (pagina 10).*

front
di fronte

She sits in front of him.

Lei è seduta di fronte a lui.

fruit
la frutta

Fruit is delicious.

La frutta è buona.

full
pieno

The cart is full of lizards.

Il carrello è pieno di lucertole.

fun
il divertimento

She is having fun.

Che divertimento!

funny
buffo

What a funny face!

Che faccia buffa!

game
il gioco

We play the game
in the park.

**Noi facciamo un
gioco nel parco.**

garage *See Rooms in a House (page 86).*
il garage *Vedi Le stanze di una casa (pagina 86).*

garden
il giardino

Roses are growing
in the garden.

**Nel giardino
crescono le rose.**

gate
il cancello

The gate is open.

Il cancello è aperto.

to get
prendere

The mice are trying
to get the cheese.

**I topi cercano
di prendere
il formaggio.**

giraffe *See Animals (page 10).*
la giraffa *Vedi Gli animali (pagina 10).*

girl
la ragazza

The girl is dancing.

**La ragazza sta
ballando.**

to give
dare

I want to give
you a present.

**Voglio darti un
regalo.**

glad
contento

She is glad
to see you.

**Lei è contenta
di vederti.**

glass
il vetro

Windows are made
of glass.

**Le finestre sono
fatte di vetro.**

glasses
gli occhiali

This owl wears
glasses.

**Questo gufo porta
gli occhiali.**

gloves *See Clothing (page 24).*
i guanti *Vedi L'abbigliamento (pagina 24).*

to go
andare

Go to your room!

Va in camera tua!

goat *See Animals (page 10).*
la capra *Vedi Gli animali (pagina 10).*

golf *See Games and Sports (page 44).*
il golf *Vedi I giochi e gli sport (pagina 44).*

good
buono

What a good dog!

Che cane buono!

good-bye
arrivederci

"Good-bye!"

"Arrivederci!"

goose
l'oca

A goose is riding
a bicycle.

**Un'oca va in
bicicletta.**

gorilla
il gorilla

The gorilla is eating a banana.

Il gorilla mangia una banana.

to grab
afferrare

She wants to grab the bananas.

Lei vuole afferrare le banane.

grandfather
il nonno

I have fun with my grandfather.

Io mi diverto con mio nonno.

grandma
la nonna

Grandma is my dad's mother.

La nonna è la madre di mio padre.

grandmother
la nonna

My grandmother likes to bake.

A mia nonna piace fare i dolci.

grandpa
il nonno

Grandpa is my mom's father.

Il nonno è il padre di mia madre.

grape
l'uva

Get the grapes!

Prendi l'uva!

grass
l'erba

Cows eat grass.

Le mucche mangiano l'erba.

grasshopper   *See Insects (page 52).*
la cavalletta   *Vedi Gli Insetti (pagina 52).*

Games and Sports
I giochi e gli sport

baseball
il baseball

basketball
la pallacanestro

golf
il golf

ping-pong
il ping-pong

running
la corsa

bowling
il bowling

ice skating
il pattinaggio su ghiaccio

soccer
il calcio

skiing
lo sci

tennis
il tennis

biking
il ciclismo

swimming
il nuoto

gray *See Numbers and Colors (page 68).*
grigio *Vedi I numeri e i colori (pagina 68).*

great
fantastico

It is a great party.

È una festa fantastica!

green *See Numbers and Colors (page 68).*
verde *Vedi I numeri e i colori (pagina 68).*

groceries
la spesa

The groceries are falling out.

La borsa della spesa si sta rompendo.

ground
la terra

They live in the ground.

Loro vivono sotto terra.

group
il gruppo

This is a group of artists.

Questo è un gruppo di artisti.

to grow
crescere

He wants to grow.

Lui vuole crescere.

to guess
indovinare

It is fun to guess what is inside.

È divertente indovinare che cosa c'è dentro.

guitar
la chitarra

My robot plays the guitar.

Il mio robot suona la chitarra.

hair *See People (page 76).*
i capelli *Vedi Le persone (pagina 76).*

half
la metà

Half the cookie is gone.

Metà del biscotto è sparita.

hall *See Rooms in a House (page 86).*
l'ingresso *Vedi Le stanze di una casa (pagina 86).*

hammer
il martello

Hit the nail with the hammer!

Colpisci il chiodo con il martello!

hammock
l'amaca

Dad is sleeping in the hammock.

Papà sta dormendo sull'amaca.

hand *See People (page 76).*
la mano *Vedi Le persone (pagina 76).*

happy
allegro

This is a happy face.

Questa è una faccia allegra.

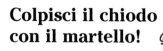

hard
duro

The rock is hard.

La roccia è dura.

harp
l'arpa

She plays the harp very well.

Lei suona molto bene l'arpa.

hat *See Clothing (page 24).*
il cappello *Vedi L'abbigliamento (pagina 24).*

to have
avere

She has three hats.

Lei ha tre cappelli.

he
lui

He is under the table.

Lui è sotto il tavolo.

head *See People (page 76).*
la testa *Vedi Le persone (pagina 76).*

H

to hear   *See People (page 76).*
sentire   *Vedi Le persone (pagina 76).*

heart
il cuore

The heart is red.

Il cuore è rosso.

helicopter   *See Transportation (page 108).*
l'elicottero   *Vedi I mezzi di trasporto (pagina 108).*

hello
ciao

Hello.
How are you?

**Ciao.
Come stai?**

help
l'aiuto

I need help!

Ho bisogno di aiuto!

her/his
suo

This is her tail.

Questa è la sua coda.

here
qui

I live here.

Io vivo qui.

hi
ciao

Hi!

Ciao!

to hide
nascondersi

She is too big to hide under the box.

Lei è troppo grossa per nascondersi sotto la scatola.

high
alto

The star is high in the sky.

La stella è alta nel cielo.

hill
la collina

She is coming down the hill.

Lei sta venendo giù dalla collina.

hippopotamus *See Animals (page 10).*
l'ippopotamo *Vedi Gli animali (pagina 10).*

to hit
colpire

He tries to hit the ball.

Lui cerca di colpire la palla.

to hold
tenere

He has to hold her hand now.

Lui deve tenerle la mano adesso.

hole
la buca

He is digging a hole.

Lui sta scavando una buca.

hooray
hurrah

We are winning! Hooray!

Stiamo vincendo! Hurrah!

to hop
saltare

They know how to hop.

Loro sanno saltare.

horse *See Animals (page 10).*
il cavallo *Vedi Gli animali (pagina 10).*

hospital
l'ospedale

Doctors work at the hospital.

I medici lavorano in ospedale.

hot
caldo

Fire is hot.

Il fuoco è caldo.

hotel
l'hotel

He is staying at the hotel.

Lui sta in hotel.

hour
l'ora

In an hour, it is going to be two o'clock.

Tra un'ora saranno le due.

house
la casa

The house has many windows.

Questa casa ha molte finestre.

how
come

How does he do that?

Ma come fa?

hug
l'abbraccio

Give me a hug!

Dammi un abbraccio!

huge
enorme

That cat is huge!

Quel gatto è enorme!

hundred   *See Numbers and Colors (page 68).*
cento   *Vedi I numeri e i colori (pagina 68).*

to be hungry
avere fame

I think he is hungry.

Penso che abbia fame.

to hurry
sbrigarsi

She has to hurry.

Lei deve sbrigarsi.

to hurt
far male

It does not have to hurt.

Non dovrebbe far male.

husband
il marito

He is her husband.

Lui è suo marito.

I
io

"I am so cute!" she says.

Lei dice: "Io sono così carina!"

ice
il ghiaccio

We skate on ice.

Noi pattiniamo sul ghiaccio.

ice cream
il gelato

Clara likes ice cream.

A Clara piace il gelato.

idea
l'idea

She has an idea.

Lei ha un'idea.

important
importante

He looks very important.

Lui sembra molto importante.

in
in

What is in that box?

Cosa c'è in quella scatola?

inside
dentro

He is inside the house.

Lui è dentro la casa.

into
dentro

Do not go into that cave!

Non andare dentro quella caverna!

island
l'isola

The goat is on an island.

La capra è su un'isola.

Insects
Gli insetti

butterfly
la farfalla

wasp
la vespa

(praying) mantis
la mantide

fly
la mosca

flea
la pulce

beetle
lo scarafaggio

mosquito
la zanzara

caterpillar
il millepiedi

moth
la tarma

grasshopper
la cavalletta

bee
l'ape

termite
la termite

firefly
la lucciola

cricket
il grillo

ant
la formica

53

J

jacket *See Clothing (page 24).*
la giacca *Vedi L'abbigliamento (pagina 24).*

jaguar *See Animals (page 10).*
il giaguaro *Vedi Gli animali (pagina 10).*

jam
la marmellata

Do you think she likes bread and jam?

Pensi che le piaccia il pane con la marmellata?

January
gennaio

January is the first month of the year.

Gennaio è il primo mese dell'anno.

jar
il barattolo

Jam comes in a jar.

La marmellata è in un barattolo.

job
il lavoro

It is a big job.

È un grosso lavoro.

juice
il succo

She is pouring a glass of orange juice.

Lei sta versando un bicchiere di succo d'arancia.

July
luglio

The month after June is July.

Il mese che viene dopo giugno è luglio.

jump
saltare

The animal loves to jump.

L'animale adora saltare.

June
giugno

The month after May is June.

Il mese che viene dopo maggio è giugno.

junk
la robaccia

No one can use this junk.

Nessuno può usare questa robaccia.

kangaroo *See Animals (page 10).*
il canguro *Vedi Gli animali (pagina 10).*

to keep
tenere

I want to keep him.

Voglio tenerlo.

key
la chiave

Which key opens
the lock?

**Quale chiave apre
la serratura?**

to kick
calciare

He wants to kick
the ball.

**Lui vuole
calciare
la palla.**

kind
gentile

She is kind to animals.

**Lei è gentile con
gli animali.**

kind
il tipo

What kind of animal
is that?

**Che tipo di
animale è quello?**

king
il re

The king is
having fun.

**Il re si sta
divertendo.**

kiss
il bacio

Would you like to give
the monkey a kiss?

**Vuoi dare
un bacio
alla scimmia?**

K

kitchen *See Rooms in a House (page 86).*
la cucina *Vedi Le stanze di una casa (pagina 86).*

kite
l'aquilone

Kites can fly high.

Gli aquiloni volano in alto.

kitten
il gattino

A kitten is a baby cat.

Un gattino è un cucciolo di gatto.

knee *See People (page 76).*
il ginocchio *Vedi Le persone (pagina 76).*

knife
il coltello

A knife can cut things.

Il coltello serve a tagliare le cose.

to knock
bussare

He starts to knock on the door.

Lui comincia a bussare alla porta.

to know
sapere

He wants to know what it says.

Lui vuole sapere che cosa dice.

ladder
la scala

He climbs the ladder.

Lui sale sulla scala.

lake
il lago

He is drinking the lake!

Lui sta bevendo il lago!

lamp
la lampada

He has a lamp on his head.

Lui ha una lampada sulla testa.

lap
il grembo

He sits on his grandma's lap to hear the story.

Si è seduto in grembo alla nonna per ascoltare la storia.

last
ultimo

The pink one is last in line.

Quella rosa è l'ultima della fila.

late
tardi

It is late at night.

È sera tardi.

to laugh
ridere

It is fun to laugh.

Ridere è divertente.

laundry room *See Rooms in a House (page 86).*
la lavanderia *Vedi Le stanze di una casa (pagina 86).*

lazy
pigro

He is so lazy.

Lui è così pigro.

leaf
la foglia

The tree has one leaf.

L'albero ha una foglia.

to leave
andar via

She does not want
to leave.

**Lei non vuole
andar via.**

left
sinistro

This is your left hand.

**Questa è la tua
mano sinistra.**

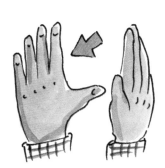

leg   *See People (page 76).*
la gamba   *Vedi Le persone (pagina 76).*

lemon
il limone

She likes lemons.

**Le piacciono
i limoni.**

leopard
il leopardo

One leopard is losing
its spots.

**Un leopardo sta
perdendo le
macchie.**

to let
lasciare

Papa is not going to
let him go.

**Il papà non lo
lascia andare.**

letter
la lettera

This letter is going
by airmail.

**Questa lettera
viaggia per
via aerea.**

library
la biblioteca

The library is full
of books.

**La biblioteca
è piena di libri.**

to lick
leccare

You have to lick it.

Devi leccarlo.

life
la vita

Life is wonderful!

**La vita è
meravigliosa!**

light
la luce

The sun gives us light.

Il sole ci dà luce.

lightning
il lampo

Look! There's lightning!

Guarda! Un lampo!

to like
piacere

He is going to like the cake.

La torta gli piacerà.

like
come

She looks like a rock.

È come una roccia.

line
la linea

I can draw a line.

Io so disegnare una linea.

---

lion *See Animals (page 10).*
il leone *Vedi Gli animali (pagina 10).*

to listen
ascoltare

He does not want to listen to loud music.

Lui non vuole ascoltare la musica ad alto volume.

little
piccolo

The bug is little.

L'insetto è piccolo.

to live
vivere

What a nice place to live!

Che bello vivere in questo posto!

living room *See Rooms in a House (page 86).*
il soggiorno *Vedi Le stanze di una casa (pagina 86).*

llama *See Animals (page 10).*
il lama *Vedi Gli animali (pagina 10).*

to lock
chiudere a chiave

Do not forget to lock the door.

Non dimenticarti di chiudere la porta a chiave.

long
lungo

That is a long snake.

Quello sì che è un serpente lungo.

to look
guardare

I use this to look at stars.

Uso questo per guardare le stelle.

to lose
perdere

He does not want to lose his hat.

Lui non vuole perdere il cappello.

lost
perso

Oh, no! He is lost.

Oh, no! Si è perso.

lots
moltissimi

There are lots of bubbles.

Ci sono moltissime bolle.

loud
alto volume

The music is loud!

La musica è ad alto volume.

to love
amare

She is going to love the present.

Amerà il regalo moltissimo.

love
l'amore

Love is wonderful.

L'amore è meraviglioso.

low
basso

The bridge is low.

Il ponte è basso.

lunch
il pranzo

He has nuts for lunch.

Lui mangia nocciole a pranzo.

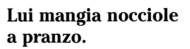

mad
arrabbiato

The frogs are mad.

Le rane sono arrabbiate.

mail
la posta

The mail is here.

È arrivata la posta.

mailbox
la cassetta delle lettere

What is in that mailbox?

Che cosa c'è in quella cassetta delle lettere?

mail carrier
il postino

Our mail carrier brings us the mail.

Il nostro postino ci porta la posta.

to make
fare

A belt is easy to make.

È facile fare una cintura.

man
l'uomo

The man is waving.

L'uomo sta salutando.

mango
il mango

Is he going to eat the whole mango?

Mangerà tutto il mango?

mantis   *See Insects (page 52).*
la mantide   *Vedi Gli insetti (pagina 52).*

many
molti

There are too many dots!

Ci sono molti puntini!

map
la cartina

The map shows where to go.

La cartina indica la destinazione.

maraca
la maraca

Shake those maracas!

Muovi quelle maraca!

March
marzo

The month after February is March.

Il mese che viene dopo febbraio è marzo.

math
la matematica

He is not very good at math.

Lui non è molto bravo in matematica.

May
maggio

The month after April is May.

Il mese che viene dopo aprile è maggio.

maybe
forse

Maybe it is a ball.

Forse è una palla.

mayor
il sindaco

The mayor leads the town.

Il sindaco guida la città.

me
mi

Look at me!

Guardami!

to mean
voler dire

That has to mean "hello."

Quello deve voler dire "ciao".

meat
la carne

I am eating meat, salad, and potatoes for dinner.

Io a cena mangio carne, insalata e patate.

medicine
la medicina

Take your medicine!

Prendi la medicina!

to meet
fare conoscenza

It's a pleasure to meet you.

Sono felice di fare la tua conoscenza.

meow
miao

Cats say, "MEOW!"

I gatti fanno "MIAO!"

mess
la confusione

What a mess!

Che confusione!

messy
pasticcione

The bear is a little messy.

L'orso è un po' pasticcione.

milk
il latte

He likes milk.

Gli piace il latte.

minute
il minuto

It is one minute before noon.

Manca un minuto a mezzogiorno.

mirror
lo specchio

He loves to look in the mirror.

Lui adora guardarsi allo specchio.

to miss
perdere

He does not want to miss the airplane.

Lui non vuole perdere l'aereo.

mittens
le manopole

See Clothing (page 24).

Vedi L'abbigliamento (pagina 24).

to mix
mescolare

Use the spoon to mix it.

Usa il cucchiaio per mescolarlo.

mom
la mamma

She is the baby's mom.

Lei è la mamma del bambino.

Monday
lunedì

On Mondays, we take baths.

Il lunedì facciamo il bagno.

money
i soldi

Look at all the money!

Guarda quanti soldi!

monkey *See Animals (page 10).*
la scimmia *Vedi Gli animali (pagina 10).*

month
il mese

January and February are the first two months of the year.

Gennaio e febbraio sono i primi due mesi dell'anno.

moon
la luna

The moon is up in the sky.

La luna è su nel cielo.

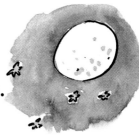

more
più

She needs to buy more juice.

Lei deve comprare più succo di frutta.

morning
il mattino

The sun comes up in the morning.

Il sole sorge al mattino.

mosquito *See Insects (page 52).*
la zanzara *Vedi Gli insetti (pagina 52).*

most
la maggior parte

Most of the milk is gone.

La maggior parte del latte è scomparsa.

moth *See Insects (page 52).*
la tarma *Vedi Gli insetti (pagina 52).*

mother
la madre

She is the baby's mother.

Lei è la madre del bambino.

motorcycle
la motocicletta

See Transportation (page 108).

Vedi I mezzi di trasporto. (pagina 108)

mountain
la montagna

He is climbing up the mountain.

Lui sta scalando la montagna.

mouse
il topo

The mouse is skating.

Il topo sta pattinando.

mouth
la bocca

See People (page 76).

Vedi Le persone (pagina 76).

to move
trasferirsi

They have to move.

Loro devono trasferirsi.

movie
il film

They are watching a movie.

Loro guardano un film.

Mr.
Sig.

Say hello to Mr. Green.

Saluta il Sig. Green.

Mrs.
Sig.ra

Mrs. Rossi is getting on the bus.

La Sig.ra Rossi sta salendo sull'autobus.

much
molto

There is not much in the refrigerator.

Non c'è molto nel frigorifero.

music
la musica

They can play music.

Loro sanno suonare la musica.

my
mio

This is my nose.

Questo è il mio naso.

N

nail
il chiodo

Try to hit the nail!

Cerca di colpire il chiodo.

name
il nome

His name begins with "R".

Il suo nome inizia con la "R".

neck *See People (page 76).*
il collo *Vedi Le persone (pagina 76).*

necklace
la collana

She loves her necklace.

Lei adora la sua collana.

to need
avere bisogno di

He is going to need a snack later.

Lui avrà bisogno di fare uno spuntino più tardi.

neighbor
il vicino

They are neighbors.

Quei due sono vicini.

nest
il nido

The birds are near their nest.

Gli uccelli sono vicini al nido.

never
mai

She is never going to fly.

Non volerà mai.

new
nuovo

He has a new umbrella.

Lui ha un ombrello nuovo.

newspaper
il giornale

Who is cutting my newspaper?

Chi sta tagliando il mio giornale?

next
vicino

She is next to the rock.

Lei è vicino alla roccia.

next
il prossimo

The horse is next.

Il cavallo è il prossimo.

nice
simpatico

What a nice clown!

Che pagliaccio simpatico!

night
la notte

It is dark at night.

Di notte è buio.

nine *See Numbers and Colors (page 68).*
nove *Vedi I numeri e i colori (pagina 68).*

---

nineteen *See Numbers and Colors (page 68).*
diciannove *Vedi I numeri e i colori (pagina 68).*

ninety *See Numbers and Colors (page 68).*
novanta *Vedi I numeri e i colori (pagina 68).*

no
no

No, you may not go.

No, non può passare.

noise
il rumore

He is making a terrible noise.

Fa un rumore terribile.

noisy
rumoroso

They are very noisy.

Sono molto rumorosi.

noon
il mezzogiorno

It is noon.

È mezzogiorno.

Numbers and Colors
I numeri e i colori

   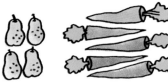 

0 zero
zero

1 one
uno

2 two
due

3 three
tre

4 four
quattro

5 five
cinque

6 six
sei

7 seven
sette

8 eight
otto

9 nine
nove

10 ten
dieci

11 eleven
undici

12 twelve
dodici

13 thirteen
tredici

14 fourteen
quattordici

15 fifteen
quindici

16 sixteen
sedici

  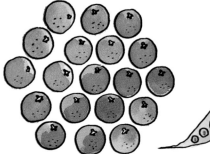 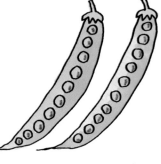

17 seventeen
diciassette

18 eighteen
diciotto

19 nineteen
diciannove

20 twenty
venti

30 thirty **trenta**

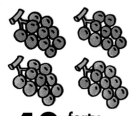

40 forty **quaranta**

50 fifty **cinquanta**

60 sixty **sessanta**

70 seventy **settanta**

80 eighty **ottanta**

90 ninety **novanta**

100 one hundred **cento**

1000 one thousand **mille**

Colors

I colori

black **nero**

blue **blu**

brown **marrone**

gray **grigio**

green **verde**

orange **arancione**

pink **rosa**

purple **viola**

red **rosso**

tan **marroncino**

white **bianco**

yellow **giallo**

north
il nord

It is cold in the north.

Fa freddo al nord.

nose *See People (page 76).*
il naso *Vedi Le persone (pagina 76).*

not
non

The bird is not red.

L'uccello non è rosso.

note
il biglietto

He is writing a note.

Sta scrivendo un biglietto.

nothing
niente

There is nothing in the bottle.

Non c'è niente nella bottiglia.

November
novembre

The month after October is November.

Il mese che viene dopo ottobre è novembre.

now
adesso

The mouse needs to run now.

Il topo deve correre adesso.

number
il numero

There are five numbers.

Ci sono cinque numeri.

nurse
l'infermiere

She wants to be a nurse.

Vuole diventare infermiera.

nut
la nocciola

I think he likes nuts.

Penso che gli piacciano le nocciole.

ocean
l'oceano

This turtle swims in the ocean.

Questa tartaruga nuota nell'oceano.

o'clock (sharp)
in punto

It is one o'clock sharp.

È l'una in punto.

October
ottobre

The month after September is October.

Il mese che viene dopo settembre è ottobre.

of
di (plus article)

The color of the airplane is yellow.

Il colore dell'aeroplano è il giallo.

office *See Rooms in a House (page 86).*
lo studio *Vedi Le stanze di una casa (pagina 86).*

oh
oh

Oh! What a surprise!

Oh! Che sorpresa!

old
vecchio

The alligator is very old.

L'alligatore è molto vecchio.

on
su (plus article)

The coat is on the chair.

Il cappotto è sulla sedia.

once
una volta

Birthdays come once a year.

Il compleanno viene una volta all'anno.

one *See Numbers and Colors (page 68).*
uno *Vedi I numeri e i colori (pagina 68).*

onion
la cipolla

He is chopping an onion.

Sta tagliando una cipolla.

only
solo

This is the only food left.

Questo è il solo cibo che ci resta.

open
aperto

The window is open.

La finestra è aperta.

or
oppure

Do you want the red one or the blue one?

Vuoi quello rosso oppure quello blu?

orange *See Numbers and Colors (page 68).*
arancione *Vedi I numeri e i colori (pagina 68).*

orange
l'arancia

He is squeezing oranges.

Sta spremendo le arance.

ostrich
lo struzzo

An ostrich can run fast.

Lo struzzo può correre veloce.

other
altro

What is on the
other side?

**Cosa c'è dall'altra
parte?**

oven
il forno

We bake cookies in
an oven.

**Cuociamo i
biscotti in un forno.**

ouch
ahi

Ouch! That hurts!

Ahi! Fa male!

over
sopra

She is holding the
umbrella over her head.

**Tiene l'ombrello
sopra la testa.**

out
fuori

He goes out.

Va fuori.

owl
la civetta

The owl does not
sleep at night.

**La civetta non
dorme di notte.**

outdoors
all'aperto

We like to play
outdoors.

**Ci piace giocare
all'aperto.**

to own
possedere

It is wonderful to own
a book.

**Possedere un
libro è una cosa
bellissima.**

P

page
la pagina

He is turning the page.

**Sta girando
la pagina.**

paint
la vernice

The baby is playing
with paint.

**Il bambino sta
giocando con la vernice.**

painter
il pittore

He is a painter.

Lui è un pittore.

pajamas
il pigiama

She is wearing pajamas
to sleep.

**Si mette il pigiama
per dormire.**

pan
la padella

We cook in a pan.

**Cuociamo in
una padella.**

panda
il panda

This panda is hungry.

**Questo panda
ha fame.**

pants   *See Clothing (page 24).*
i pantaloni   *Vedi L'abbigliamento (pagina 24).*

paper
la carta

Write on the paper!

Scrivi sulla carta!

parent
il genitore

These parents have
many babies.

**Questi genitori
hanno molti
bambini.**

park
il parco

We like to go to the park.

**Ci piace andare
al parco.**

parrot
il pappagallo

This parrot can say, "Cracker!"

Questo pappagallo sa dire "Cracker!"

part
la parte

A wheel is part of the car.

La ruota fa parte dell'automobile.

party
la festa

The ants are having a party.

Le formiche danno una festa.

to pat
accarezzare

The baby tries to pat the dog.

Il bambino cerca di accarezzare il cane.

paw
la zampa

He wants to shake paws.

Lui vuole dare la zampa.

pea
il pisello

He does not like to eat peas.

A lui non piacciono i piselli.

peach
la pesca

Peaches grow on trees.

Le pesche crescono sugli alberi.

pen
la penna

The pen is leaking.

La penna perde.

pencil
la matita

A pencil is for drawing.

La matita serve per disegnare.

Le persone • Il tuo corpo

head
la testa

face
la faccia

stomach
lo stomaco

knee
il ginocchio

foot
il piede

leg
la gamba

eye
l'occhio

thumb
il pollice

hair
i capelli

arm
il braccio

neck
il collo

finger
il dito

hand
la mano

ear
l'orecchio

tooth
il dente

to see
vedere

nose
il naso

to touch
toccare

mouth
la bocca

toe
**il dito
del piede**

to smell
dorare

to hear
sentire

to taste
gustare

77

penguin
il pinguino

There is a penguin in the sink.

C'è un pinguino nel lavandino.

people
la gente

These people are going up.

Questa gente sta salendo.

pepper
il pepe

She is using too much pepper.

Mette troppo pepe.

peppers
i peperoni

Peppers are good to eat.

I peperoni sono buoni da mangiare.

perfume
il profumo

She is wearing perfume.

Lei si è messa il profumo.

pet
l'animale da compagnia

This pig is a pet.

Questo maiale è un animale da compagnia.

photograph
la fotografia

Look at the photograph!

Guarda la fotografia!

piano
il piano

He plays the piano very well.

Suona il piano molto bene.

to pick
raccogliere

This dog likes to pick berries.

A questo cane piace raccogliere le bacche.

picnic
il pic-nic

They are having a picnic.

Stanno facendo un pic-nic.

picture
il disegno

This is a picture of a rabbit.

Questo è il disegno di un coniglio.

pie
la torta

Who is eating the pie?

Chi sta mangiando la torta?

pig *See Animals (page 10).*
il maiale *Vedi Gli animali (pagina 10).*

pillow
il guanciale

A pillow is for sleeping.

Un guanciale serve per dormire.

ping-pong *See Games and Sports (page 44).*
il ping-pong *Vedi I giochi e gli sport (pagina 44).*

pink *See Numbers and Colors (page 68).*
rosa *Vedi I numeri e i colori (pagina 68).*

pizza
la pizza

We like to eat pizza.

Ci piace mangiare la pizza.

to place
mettere

The doctor places the glasses on the boy's nose.

Il dottore mette gli occhiali sul naso del bambino.

to plan
programmare

It helps to plan ahead.

Programmare in anticipo aiuta.

to plant
piantare

He likes to plant nuts.

A lui piace piantare le noci.

to play
giocare

Do you want to play with us?

Vuoi giocare con noi?

playground
il campo giochi

Meet me at the playground!

Incontriamoci al campo giochi!

playroom
la stanza dei giochi

See Rooms in a House (page 86).

Vedi Le stanze di una casa (pagina 86).

please
per favore

Please, feed me!

Per favore, dammi da mangiare!

pocket
la tasca

What is in his pocket?

Che cosa c'è nella sua tasca?

point
la punta

It has a sharp point. Ouch!

Ha una punta affilata. Ahi!

to point
indicare con il dito

It is not polite to point.

Non è educato indicare con il dito.

police officer
il poliziotto

The police officer helps us cross the street.

Il poliziotto ci aiuta ad attraversare la strada.

police station
il commissariato di polizia

You can get help at the police station.

Al commissariato di polizia possono aiutarti.

polite
educato

He is so polite!

Lui è così educato!

pond
lo stagno

She falls into the pond.

Cade nello stagno.

poor
povero

This poor monkey does not have much money.

Questa povera scimmia non ha molti soldi.

porch
la veranda

See Rooms in a House (page 86).

Vedi Le stanze di una casa (pagina 86).

post office
l'ufficio postale

Letters go to the post office.

Le lettere vanno all'ufficio postale.

pot
la pentola

It is time to stir the pot.

È ora di girare la pietanza nella pentola.

potato
la patata

These potatoes have eyes.

Queste patate hanno gli occhi.

to pound
battere

Use a hammer to pound a nail.

Usa un martello per battere un chiodo.

present
il regalo

Is the present for me?

È per me questo regalo?

pretty
grazioso

It is not a pretty face.

Non è una faccia graziosa.

prince
il principe

The prince is with his father.

Il principe è con suo padre.

princess
la principessa

This princess has big feet.

La principessa ha dei piedi molto grandi.

prize
il premio

Look who wins the prize.

Guarda chi ha vinto il premio.

proud
orgoglioso

She is proud of her new hat.

Lei è orgogliosa del suo nuovo cappello.

to pull
tirare

We're trying to pull him up.

Stiamo cercando di tirarlo su.

puppy
il cucciolo

The puppy is wet.

Il cucciolo è bagnato.

purple   *See Numbers and Colors (page 68).*
ciclamino   *Vedi I numeri e i colori (pagina 68).*

purse
la borsetta

The purse is full.

La borsetta è piena.

to push
spingere

He needs to push hard.

Deve spingere forte.

to put
mettere

Don't put your foot in your mouth!

Non ti mettere i piedi in bocca!

puzzle
il puzzle

Can you put the puzzle together?

Sai ricomporre il puzzle?

quack
qua

"Quack, quack, quack!" sing the ducks.

Le anatre cantano: "Qua, qua, qua!"

to quarrel
litigare

We do not like to quarrel.

Non ci piace litigare.

quarter
il quarto

A quarter of the pie is gone.

Un quarto della torta è sparito.

queen
la regina

She is queen of the zebras.

Lei è la regina delle zebre.

question
la domanda

She has a question.

Lei ha una domanda.

quick
veloce

A rabbit is quick; a tortoise is slow.

Il coniglio è veloce e la tartaruga è lenta.

quiet
zitto

Shh! Be quiet!

Shh! Sta zitto!

quilt
la trapunta

Who is under the quilt?

Chi c'è sotto la trapunta?

to quit
smettere

The raccoon wants to quit practicing.

Il procione vuole smettere di esercitarsi.

quite
piuttosto

It is quite cold today.

Fa piuttosto freddo oggi.

R

rabbit
See Animals (page 10).

il coniglio
Vedi Gli animali (pagina 10).

race
la gara

Who is going to win
the race?

Chi vincerà la gara?

radio
la radio

They listen to the radio.

Ascoltano la radio.

rain
la pioggia

She likes the rain.

Le piace la pioggia.

rainbow
l'arcobaleno

She is standing in
a rainbow.

**Lei è in mezzo ad
un arcobaleno.**

raincoat
See Clothing (page 24).

l'impermeabile
*Vedi L'abbigliamento
(pagina 24).*

raindrop
la goccia
di pioggia

Look at the raindrops.

**Guarda le gocce
di pioggia.**

raining
piovendo

He is wet because it
is raining.

**Lui è bagnato
perché sta piovendo.**

to read
leggere

Does he know how
to read?

Lui sa leggere?

ready
pronto

The baby is not
ready to go.

**La bambina non è
pronta per uscire.**

real
vero

It is not a real dog.

Non è un cane vero.

really
davvero

She is really tall!

Lei è davvero alta!

red *See Numbers and Colors (page 68).*
rosso *Vedi I numeri e i colori (pagina 68).*

refrigerator
il frigorifero

We keep our snowballs in the refrigerator.

Teniamo le palle di neve nel frigorifero.

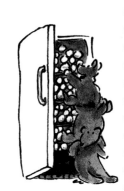

to remember
ricordare

It is hard to remember his phone number.

È difficile ricordare il suo numero di telefono.

restaurant
il ristorante

She is eating at a restaurant.

Lei sta mangiando in un ristorante.

rice
il riso

Where is all the rice?

Dov'è finito tutto il riso?

rich
ricco

He is very rich.

Lui è molto ricco.

to ride
andare a

It is fun to ride on a horse.

È divertente andare a cavallo.

right
destro

This is your right hand.

Questa è la tua mano destra.

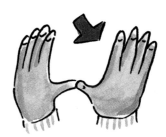

Rooms in a House
Le stanze di una casa

attic
la soffitta

deck
la terraza

bedroom
la camera da letto

bathroom
il bagno

kitchen
la cucina

dining room
la camera da pranzo

playroom
la stanza dei giochi

garage
il garage

closet
il ripostiglio

bedroom
la camera da letto

office
lo studio

living room
il soggiorno

hall
l'ingresso

porch
la veranda

basement
la cantina

laundry room
la lavanderia

ring
l'anello

She has a new ring.

Ha un anello nuovo.

to ring
squillare

The phone is going to ring soon.

Sta per squillare il telefono.

river
il fiume

I am floating down the river.

Io sto galleggiando lungo il fiume.

road
la strada

The road goes over the hill.

La strada passa sulla collina.

robot
il robot

A robot is looking in my window!

Un robot sta guardando dalla mia finestra!

rock
la roccia

What is going around the rock?

Che cosa sta camminando intorno alla roccia?

roof
il tetto

There is a cow on the roof.

C'è una mucca sul tetto.

room
la stanza

The little house has little rooms.

La casina ha delle piccole stanze.

rooster *See Animals (page 10).*
il gallo *Vedi Gli animali (pagina 10).*

root
la radice

The plant has
deep roots.

**La pianta ha delle
radici profonde.**

rose
la rosa

She likes roses.

**Le piacciono
le rose.**

round
rotondo

These things are round.

**Queste cose sono
rotonde.**

to rub
massaggiare

It is fun to rub
his tummy.

**È divertente
massaggiare
la sua pancia.**

rug
il tappeto

There is a bug
on the rug.

**C'è un insetto
sul tappeto.**

to run
correre

You need feet to run!

**Per correre hai
bisogno dei piedi!**

running *See Games and Sports (page 44).*
la corsa *Vedi I giochi e gli sport (pagina 44).*

S

sad
triste

This is a sad face.

Questa è una faccia triste.

sailboat *See Transportation (page 108).*
la barca a vela
Vedi I mezzi di trasporto (pagina 108).

salad
l'insalata

He is making a salad.

Lui sta preparando un'insalata.

salt
il sale

She is using too much salt.

Mette troppo sale.

same
identico

They look the same.

Sono identiche.

sand
la sabbia

There is a lot of sand at the beach.

Sulla spiaggia, c'è molta sabbia.

sandwich
il panino

It's a pickle sandwich! Yum!

È un panino con i sottaceti! Mmm!

sandy
sabbioso

The beach is sandy.

La spiaggia è sabbiosa.

Saturday
sabato

On Saturdays, we work together.

Il sabato lavoriamo insieme.

sausage
la salsiccia

This dog likes sausages.

A questo cane piacciono le salsicce.

saw
la sega

A saw is for cutting.

**Una sega serve
per tagliare.**

to say
dire

She wants to say hello.

Lei vuole dire ciao.

scarf *See Clothing (page 24).*
la sciarpa *Vedi L'abbigliamento (pagina 24).*

school
la scuola

He can learn in school.

**Lui può imparare
a scuola.**

scissors
le forbici

Look what he is cutting
with the scissors.

**Guarda che cosa
sta tagliando con
le forbici.**

to scrub
pulire

He is scrubbing
the tub.

**Lui sta pulendo
la vasca.**

sea
il mare

Whales live in the sea.

**Le balene vivono
nel mare.**

seat
la sedia

The seat is too high.

**La sedia è
troppo alta.**

secret
il segreto

She is telling a secret.

**Lei sta dicendogli
un segreto.**

to see *See People (page 76).*
vedere *Vedi Le persone (pagina 76).*

seed
il seme

When you plant
a seed, it grows.

**Quando pianti un
seme, cresce.**

to sell
vendere

He sells balloons.

Lui vende palloncini.

to send
mandare

Mom has to send
a letter in the mail.

**Mamma deve
mandare una lettera
per posta.**

September
settembre

The month after
August is September.

**Il mese che viene
dopo agosto
è settembre.**

settembre

seven   *See Numbers and Colors (page 68).*
sette   *Vedi I numeri e i colori (pagina 68).*

seventeen   *See Numbers and Colors (page 68).*
diciassette   *Vedi I numeri e i colori
(pagina 68).*

seventy   *See Numbers and Colors (page 68).*
settanta   *Vedi I numeri e i colori (pagina 68).*

shark
lo squalo

A shark has
many teeth.

**Uno squalo ha
molti denti.**

shawl   *See Clothing (page 24).*
lo scialle   *Vedi L'abbigliamento (pagina 24).*

she
lei

She is hiding.

Lei si nasconde.

sheep   *See Animals (page 10).*
la pecora   *Vedi Gli animali (pagina 10).*

shirt   *See Clothing (page 24).*
la camicia   *Vedi L'abbigliamento (pagina 24).*

shoes   *See Clothing (page 24).*
le scarpe   *Vedi L'abbigliamento (pagina 24).*

to shop
fare spese

He likes to shop.

Le piace fare spese.

short
basso

He is too short.

Lui è troppo basso.

to shout
urlare

They have to shout.

Loro devono urlare.

shovel
la pala

She needs a bigger shovel.

Lei ha bisogno di una pala più grande.

show
lo spettacolo

They are in a show.

Loro sono in uno spettacolo.

to show
far vedere

Open wide to show your new tooth!

Apri bene la bocca per far vedere i denti nuovi!

shy
timido

He is very shy.

Lui è molto timido.

sick
malato

The rhinoceros is sick.

Il rinoceronte è malato.

side
il lato

The tree is on the side of the house.

L'albero è su un lato della casa.

sidewalk
il marciapiede

They are playing on the sidewalk.

Loro stanno giocando sul omarciapiede.

sign
l'insegna

This is the bakery's sign.

Questa è l'insegna del panificio.

silly
sciocco

He has a silly smile.

Lui ha un sorriso sciocco.

to sing
cantare

She loves to sing.

Lei adora cantare.

sister
la sorella

They are sisters.

Loro sono sorelle.

to sit
sedersi

They want to sit.

Loro vogliono sedersi.

six *See Numbers and Colors (page 68).*
sei *Vedi I numeri e i colori (pagina 68).*

sixteen *See Numbers and Colors (page 68).*
sedici *Vedi I numeri e i colori (pagina 68).*

sixty *See Numbers and Colors (page 68).*
sessanta *Vedi I numeri e i colori (pagina 68)*

skateboard *See Transportation (page 108).*
lo skateboard *Vedi I mezzi di trasporto (pagina 108).*

skates *See Transportation (page 108).*
i pattini *Vedi I mezzi di trasporto (pagina 108).*

skating (ice) *See Games and Sports (page 44).*
il pattinaggio su ghiaccio
Vedi I giochi e gli sport (pagina 44).

skiing *See Games and Sports (page 44).*
lo sci *Vedi I giochi e gli sport (pagina 44).*

skirt *See Clothing (page 24).*
la gonna *Vedi L'abbigliamento (pagina 24).*

sky
il cielo

The sky is full of stars.

Il cielo è pieno di stelle.

to sleep
dormire

He is ready to sleep.

Lui è pronto per andare a dormire.

slow
lento

A rabbit is quick;
a tortoise is slow.

**Il coniglio è
veloce; la
tartaruga è lenta.**

small
piccolo

An ant is small.

**Una formica
è piccola.**

to smell   *See People (page 76).*
odorare   *Vedi Le persone (pagina 76).*

smile
il sorriso

What a big smile!

Che sorriso grande!

smoke
il fumo

Watch out for
the smoke!

**Sta' attento
al fumo!**

snail
la lumaca

He has a snail on
his nose.

**Lui ha una lumaca
sul naso.**

snake   *See Animals (page 10).*
il serpente   *Vedi Gli animali (pagina 10).*

sneakers   *See Clothing (page 24).*
le scarpe da ginnastica

Vedi L'abbigliamento (pagina 24).

to snore
russare

Try not to snore.

**Cerca di non
russare.**

snow
la neve

Snow is white and cold.

**La neve è bianca
e fredda.**

snowball
la palla
di neve

He is throwing
snowballs.

**Lui sta tirando
le palle di neve.**

S

so
così
She is so tall!

Lei è così alta!

soap
il sapone
He washes his hands with soap.

Lui si lava le mani con il sapone.

soccer *See Games and Sports (page 44).*
il calcio *Vedi I giochi e gli sport (pagina 44).*

socks *See Clothing (page 24).*
i calzini *Vedi L'abbigliamento (pagina 24).*

sofa
il divano
The zebras are sitting on the sofa.

Le zebre sono sedute sul divano.

some
alcuni
Some of them are pink.

Alcune di loro sono rosa.

someday
un giorno
Dad says I can drive . . . someday.

Papà dice che potrò guidare . . . un giorno.

someone
qualcuno
Someone is behind the fence.

Qualcuno è dietro lo steccato.

something
qualcosa
Something is under the rug.

C'è qualcosa sotto al tappeto.

song
la canzone
A song is for singing.

Una canzone serve per cantare.

soon
presto
Soon it is going to be noon.

Presto sarà mezzogiorno.

sorry
spiacente

She is sorry she dropped it.

Sono così spiacente di averla fatta cadere.

soup
la zuppa

The soup is hot!

La zuppa è calda!

south
il sud

It is warm in the south.

Fa caldo al sud.

special
speciale

This is a special car.

Questa è un'automobile speciale.

spider
il ragno

This spider is friendly.

Il ragno è amichevole.

spoon
il cucchiaio

A spoon can't run; can it?

Un cucchiaio non può correre, vero?

spring
la primavera

Flowers grow in spring.

I fiori crescono in primavera.

square
il quadrato

A square has four sides.

Un quadrato ha quattro lati.

squirrel
lo scoiattolo

There is a squirrel on that hat!

C'è uno scoiattolo su quel cappello!

stamp
il francobollo

A stamp goes on a letter.

Un francobollo va sulla lettera.

to stand
stare in piedi

She does not like to stand.

A lei non piace stare in piedi.

star
la stella

That star is winking.

Quella stella sta facendo l'occhiolino.

to start
iniziare

They want to start with A.

Loro vogliono iniziare dalla A.

to stay
stare

He has to stay inside.

Lui deve stare dentro.

to step
mettere i piedi

Try not to step in the puddle.

Cerca di non mettere i piedi nella pozzanghera.

stick
il bastoncino

The dog wants the stick.

Il cane vuole il bastoncino.

sticky
appiccicoso

That candy is sticky.

Quella caramella è appiccicosa.

stomach   *See People (page 76).*
lo stomaco   *Vedi Le persone (pagina 76).*

to stop
fermarsi

You have to stop for a red light.

Ti devi fermare se il semaforo è rosso.

store
il negozio

She buys books at the store.

Lei compra i libri dal negozio.

storm
la tempesta

She does not like
the storm.

**Non le piace
la tempesta.**

story
la storia

We all know this story.

**Conosciamo tutti
questa storia.**

strange
strano

This is a strange animal.

**Questo è uno strano
animale.**

strawberry
la fragola

This strawberry is big!

**Questa fragola
è grande!**

street
la strada

There is an elephant
in the street!

**C'è un elefante
nella strada!**

student
lo studente

The students are
all fish.

**Gli studenti sono
tutti pesci.**

subway *See Transportation (page 108).*
la metropolitana

Vedi I mezzi di trasporto (pagina 108).

suddenly
all'improvviso

Suddenly, it began to rain.

**All'improvviso,
si è messo
a piovere.**

suit
l'abito

Something is spilling
on his suit.

**Qualcosa sta
gocciolando sul
suo abito.**

suitcase
la valigia

What is in that
suitcase?

**Che cosa c'è in
quella valigia?**

summer
l'estate

It is warm in summer.

D'estate fa caldo.

sun
il sole

The sun is hot.

Il sole è caldo.

Sunday
domenica

On Sundays, we eat dinner with Grandma.

La domenica ceniamo con la nonna.

sunflower
il girasole

The sunflower is big and yellow.

Il girasole è grande e giallo.

sunny
di sole

She loves sunny days.

Lei adora le giornate di sole.

sure
sicuro

I am sure the door is not going to open.

Sono sicuro che la porta non si aprirà.

surprised
sorpreso

She is surprised.

Lei è sorpresa.

sweater *See Clothing (page 24).*
il maglione *Vedi L'abbigliamento (pagina 24).*

to swim
nuotare

The fish likes to swim.

Al pesce piace nuotare.

swimming *See Games and Sports (page 44).*
il nuoto *Vedi I giochi e gli sport (pagina 44).*

table
il tavolo

There is a chicken on the table.

C'è un pollo sul tavolo.

tail
la coda

He has a long tail.

Lui ha una coda lunga.

to take
portare

He is going to take the suitcase with him.

Si porta la valigia con sé.

to talk
parlare

They like to talk on the phone.

A loro piace parlare al telefono.

tall
alto

The red one is very tall.

Il rosso è molto alto.

tambourine
il tamburello

Shake that tambourine!

Muovi il tamburello!

tan *See Numbers and Colors (page 68).*
marroncino *Vedi I numeri e i colori (pagina 68).*

to taste *See People (page 76).*
gustare *Vedi Le persone (pagina 76).*

taxi *See Transportation (page 108).*
il taxi *Vedi I mezzi di trasporto (pagina 108).*

teacher
il maestro

Our teacher helps us to learn.

La maestra ci aiuta ad imparare.

tear
la lacrima

There is a tear on her cheek.

C'è una lacrima sulla sua guancia.

telephone
il telefono

People can call you on the telephone.

La gente ti chiama al telefono.

television
la televisione

My goldfish likes to watch television.

Al mio pesce rosso piace guardare la televisione.

to tell
raccontare

Mom tells her a story.

La mamma le racconta una storia.

ten *See Numbers and Colors (page 68).*
dieci *Vedi I numeri e i colori (pagina 68).*

tennis *See Games and Sports (page 44).*
il tennis *Vedi I giochi e gli sport (pagina 44).*

tent
la tenda

What is inside the tent?

Che cosa c'è nella tenda?

termite *See Insects (page 52).*
la termite *Vedi Gli insetti (pagina 52).*

terrible
terribile

What a terrible mess!

Che terribile disordine!

to thank
ringraziare

He wants to thank the firefighter.

Lui vuole ringraziare il pompiere.

that
quello

What is that?

Che cos'è quello?

their
loro

They are pointing to their suitcases.

Stanno indicando le loro valigie.

them
loro

The shoes belong to them.

Le scarpe appartengono a loro.

then
poi

Get into bed. Then sleep.

Vai a letto. Poi dormi.

there
ecco

There she is!

Eccola!

these
questi

No one wants these eggs.

Nessuno vuole queste uova.

they
loro

See the mice? They are dancing.

Vedi i topi? Loro stanno ballando.

thin
magro

One clown is thin.

Un pagliaccio è magro.

thing
la cosa

What is this thing?

Che cos'è questa cosa?

103

to think
pensare

We use our brain
to think.

**Noi usiamo il
cervello per pensare.**

thirsty
assetato

He is thirsty.

Lui è assetato.

thirteen *See Numbers and Colors (page 68).*
tredici *Vedi I numeri e i colori (pagina 68).*

thirty *See Numbers and Colors (page 68).*
trenta *Vedi I numeri e i colori (pagina 68).*

this
questo

This baby is sad.

**Questo bambino
è triste.**

those
quei

Those babies
are happy.

**Quei bambini
sono felici.**

thousand *See Numbers and Colors (page 68).*
mille *Vedi I numeri e i colori (pagina 68).*

three *See Numbers and Colors (page 68).*
tre *Vedi I numeri e i colori (pagina 68).*

through
attraverso

The ball is coming
through the window.

**La palla passa
attraverso il vetro
della finestra.**

to throw
tirare

We like to throw
the ball.

**Ci piace tirare
la palla.**

thumb *See People (page 76).*
il pollice *Vedi Le persone (pagina 76).*

thunder
il tuono

Thunder is loud.

**Il tuono è
forte.**

Thursday
giovedì

On Thursdays, we wash clothes.

Il giovedì laviamo i vestiti.

tie *See Clothing (page 24).*
la cravatta *Vedi L'abbigliamento (pagina 24).*

to tie
legare

Is he going to tie his shoelaces?

Si legherà i lacci delle scarpe?

tiger
la tigre

This is a tiger.

Questa è una tigre.

time
il tempo

It is time to wash the dishes.

È tempo di lavare i piatti.

tire
la ruota

One tire is flat.

Una ruota è sgonfia.

tired
stanco

She is tired.

Lei è stanca.

to
a

He is going to school.

Lui va a scuola.

today
oggi

Today is her birthday.

Oggi è il suo compleanno.

toe *See People (page 76).*
il dito del piede *Vedi Le persone (pagina 76).*

together
insieme

They are sitting together.

Sono seduti insieme.

tomato
il pomodoro

Mmm! It is a big, juicy tomato.

Mmm! È un pomodoro grande e succoso.

tomorrow
domani

Tomorrow is another day.

Domani è un altro giorno.

tonight
stasera

He is sleepy tonight.

Lui ha sonno stasera.

too
anche

The baby is singing, too.

Anche il bambino sta cantando.

tooth   *See People (page 76).*
il dente   *Vedi Le persone (pagina 76).*

toothbrush
lo spazzolino da denti

My toothbrush is red.

Il mio spazzolino da denti è rosso.

top
in cima

The bird is on top.

L'uccello è in cima.

to touch   *See People (page 76).*
toccare   *Vedi Le persone (pagina 76).*

towel
l'asciugamani

He needs a towel.

Lui ha bisogno di un asciugamani.

town
la città

The ant lives in a town.

**La formica vive
in una città.**

toy
il giocattolo

He has all kinds
of toys.

**Lui ha giocattoli
di tutti i tipi.**

track
la traccia

That is a rabbit track.

**Queste sono le
tracce di un coniglio.**

train *See Transportation (page 108).*
il treno *Vedi I mezzi di trasporto (pagina 108).*

treat
la leccornia

A bone is a treat.

**Un osso è una
leccornia.**

tree
l'albero

There is a cow in
that tree.

**C'è una mucca su
quell'albero.**

triangle
il triangolo

A triangle has
three sides.

**Il triangolo ha
tre lati.**

to play tricks
fare i trucchi

She likes to play tricks.

Le piace fare trucchi.

trip
il viaggio

She is going on a trip.

**Lei sta partendo
per un viaggio.**

to trip
inciamparsi

It is no fun to trip.

**Inciamparsi non
è divertente.**

I mezzi di trasporto

airplane
l'aereo

train
il treno

van
il furgone

skateboard
lo skateboard

bicycle
la bicicletta

skates
i pattini

108

helicopter
l'elicottero

sailboat
la barca a vela

car
l'automobile

truck
l'autocarro

boat
la barca

subway
la metropolitana

horse
il cavallo

taxi
il taxi

bus
l'autobus

109

truck *See Transportation (page 108).*
l'autocarro *Vedi I mezzi di trasporto (pagina 108).*

trumpet
la tromba

This is a trumpet.

Questa è una tromba.

to try
cercare

He is trying to climb the cliff.

Lui sta cercando di scalare la roccia.

Tuesday
martedì

On Tuesdays, we wash the floors.

Il martedì laviamo i pavimenti.

tulip
il tulipano

There is a tulip on his head.

C'è un tulipano sulla sua testa.

to turn
girare

You have to turn it.

Devi girarlo.

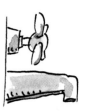

turtle
la tartaruga

That is a fast turtle!

Quella è una tartaruga veloce!

twelve *See Numbers and Colors (page 68).*
dodici *Vedi I numeri e i colori (pagina 68).*

twenty *See Numbers and Colors (page 68).*
venti *Vedi I numeri e i colori (pagina 68).*

twins
i gemelli

They are twins.

Loro sono gemelli.

two *See Numbers and Colors (page 68).*
due *Vedi I numeri e i colori (pagina 68).*

ugly
brutto

Do you think the toad is ugly?

Pensi che il rospo sia brutto?

umbrella
l'ombrello

She has a yellow umbrella.

Lei ha un ombrello giallo.

uncle
lo zio

My uncle is my dad's brother.

Mio zio è il fratello di mio padre.

under
sotto

There is something under the bed.

C'è qualcosa sotto il letto.

until
fino a

He eats until he is full.

Lui mangia fino a sentirsi pieno.

up
su

It's scary up here!

Fa paura lassù!

upon
su (plus article)

The box is upon the box, upon the box.

La scatola è sulla scatola che è sulla scatola.

upside-down
a testa in giù

He is upside-down.

Lui è a testa in giù.

us
noi

Come with us!

Vieni con noi!

to use
usare

He needs to use a comb.

Lui deve usare un pettine.

V

vacation
la vacanza

They are on vacation.

Loro sono in vacanza.

vacuum cleaner
l'aspirapolvere

Here comes the vacuum cleaner!

Ecco l'aspirapolvere!

van *See Transportation (page 108).*
il furgone *Vedi I mezzi di trasporto (pagina 108).*

vegetables
la verdura

He likes vegetables.

Gli piace la verdura.

very
molto

It is very cold in there.

Fa molto freddo qui dentro.

vest *See Clothing (page 24).*
il gilet *Vedi L'abbigliamento (pagina 24).*

veterinarian
il veterinario

A veterinarian helps animals.

Un veterinario aiuta gli animali.

village
il villaggio

What a pretty village!

Che villaggio carino!

violin
il violino

He is playing the violin.

Lui sta suonando il violino.

to visit
fare una visita

He is going to visit Grandma.

Lui va a fare una visita alla nonna.

volcano
il vulcano

Don't go near the volcano!

Non andare vicino al vulcano!

to wait
aspettare

He has to wait
for the bus.

**Lui deve aspettare
l'autobus.**

to wake up
svegliarsi

He is about to wake up.

**Lui sta per
svegliarsi.**

to walk
camminare

It is good to walk.

**Camminare
fa bene.**

wall
il muro

John is building a wall.

**Giovanni sta
costruendo un muro.**

warm
caldo

It is warm by the fire.

**Fa caldo vicino
al fuoco.**

to wash
lavare

He washes
the elephant.

Lui lava l'elephante.

wasp *See Insects (page 52).*
la vespa *Vedi Gli insetti (pagina 52).*

watch
l'orologio

Robert is wearing his
new watch.

**Roberto porta
l'orologio nuovo.**

to watch
guardare

Peter likes to
watch ants.

**A Pietro piace
guardare
le formiche.**

water
l'acqua

The pool is full of water.

La piscina è piena d'acqua.

we
noi

See us? We are all purple.

Ci vedi? Noi siamo tutti viola.

weather
il tempo

What is the weather like today?

Com'è il tempo oggi?

Wednesday
mercoledì

On Wednesdays, we go to work.

Il mercoledì andiamo a lavorare.

week
la settimana

Seven days make a week.

Sette giorni formano una settimana.

welcome
benvenuto

We are always welcome at Grandma's house.

Noi siamo sempre benvenuti in casa della nonna.

well
bene

Thomas builds very well.

Tommaso costruisce molto bene.

well
bene

She is not well.

Lei non sta bene.

west
l'ovest

The sun goes down in the west.

Il sole tramonta ad ovest.

wet
bagnato

William is wet.

Guglielmo è bagnato.

what
che cosa

What is outside
the window?

**Che cosa c'è fuori
dalla finestra?**

wheel
la ruota

The bicycle needs
a new wheel.

**La bicicletta ha
bisogno di una
ruota nuova.**

when
quando

When you sleep, you
close your eyes.

**Quando dormi, gli
occhi sono chiusi.**

where
dove

This is where he keeps
his dinner.

**Qui è dove tiene
la cena.**

which
quale

Which one do
you want?

Quale vuoi?

while
mentre

I run while he sleeps.

**Io corro mentre
lui dorme.**

whiskers
i baffi

This animal has
long whiskers.

**Questo animale ha
dei lunghi baffi.**

to whisper
sussurrare

This animal needs
to whisper.

**Questo animale
ha bisogno
di sussurrare.**

whistle
il fischio

They can hear
the whistle.

**Loro sentono
il fischio.**

white   *See Numbers and Colors (page 68).*
bianco   *Vedi I numeri e i colori (pagina 68).*

who
chi

Who are you?

Chi sei?

whole
intero

Can she eat the whole thing?

Lei riesce a mangiarla tutta intera?

why
perché

Why is the baby crying?

Perché piange il bambino?

wife
la moglie

She is his wife.

Lei è sua moglie.

wind
il vento

The wind is blowing.

Il vento sta soffiando.

window
la finestra

I can see through the window.

Riesco a vedere attraverso la finestra.

to wink
fare l'occhiolino

It is fun to wink.

È divertente fare l'occhiolino.

winter
l'inverno

He skis in the winter.

Lui scia in inverno.

wish
il desiderio

The girl has a wish.

La ragazza ha un desiderio.

with
con

The cat is dancing with the dog.

Il gatto sta ballando con il cane.

without
senza

He is going without his sister.

Lui va via senza sua sorella.

woman
la donna

My grandma is a nice woman.

Mia nonna è una donna simpatica.

wonderful
meraviglioso

They are wonderful dancers.

Sono dei ballerini meravigliosi.

woods
il bosco

Someone is walking in the woods.

Qualcuno sta camminando nel bosco.

word
la parola

Do not say a word.

Non dire una parola.

work
il lavoro

That is hard work.

Quello è un lavoro pesante.

to work
lavorare

She has to work hard today.

Lei deve lavorare sodo oggi.

world
il mondo

The world is beautiful.

Il mondo è bello.

worried
preoccupato

He looks worried.

Lui sembra preoccupato.

to write
scrivere

Katherine is trying to write with the pencil.

Caterina sta cercando di scrivere con la matita.

wrong
sbagliato

They put on the wrong hats.

Loro si stanno mettendo i cappelli sbagliati.

X-ray
i raggi X

The X-ray shows his bones.

I raggi X mostrano le sue ossa.

xylophone
lo xilofono

He's a great xylophone player.

Lui è un grande suonatore di xilofono.

Y

yard
il cortile

There is a dinosaur in our yard!

C'è un dinosauro nel nostro cortile!

yawn
lo sbadiglio

What a big yawn!

Che grande sbadiglio!

year
l'anno

He runs all year.

Lui corre tutto l'anno.

yellow
giallo

See Numbers and Colors (page 68).

Vedi I numeri e i colori (pagina 68).

yes
sì

Is he yellow? Yes! He is.

È giallo? Sì.

yesterday
ieri

Yesterday is the day before today.

Ieri è il giorno prima di oggi.

you
tu

You are reading this book.

Tu stai leggendo questo libro.

your
tuo

What color are your eyes?

Di che colore sono i tuoi occhi?

zebra
la zebra

You cannot have
a zebra in the house!

**Non puoi tenere
una zebra in casa!**

zero *See Numbers and Colors (page 68).*

zero *Vedi I numeri e i colori (pagina 68).*

zigzag
lo zigzag

The house has
zigzags on it.

**La casa è a
zigzag.**

to zip up
chiudere (con
la cerniera lampo)

The bee wants to
zip up her jacket.

**L'ape le vuole chiudere
(con la cerniera lampo)
la sua giacca.**

zipper
la cerniera
lampo

The zipper is stuck.

**La cerniera lampo
è bloccata.**

zoo
lo zoo

I can see many
animals at the zoo.

**Posso vedere molti
animali allo zoo.**

to zoom
sfrecciare

A rocket zooms
into space.

**Un razzo
sfreccia nel
cielo.**

A Family Dinner
Una cena in famiglia

Dinner is ready!
It's time to eat.
La cena è pronta!
È ora di mangiare.

The chicken and vegetables
look delicious.
Il pollo e la verdura
sembrano buonissimi.

Here is your napkin.
Ecco il tuo tovagliolo.

Mmmm! They *are* delicious!
Mmm! *Sono* buonissimi!

Please pass the salt
and pepper.
Per favore mi passi
il sale e il pepe?

Dinner is great.
Thanks, Mom.
La cena è ottima.
Grazie, mamma.

You're welcome, dear.
Prego, cara.

Do you want
more milk?
Vuoi dell'altro latte?

No, thank you.
No, grazie.

May I please be excused?
Posso andare?

In a few minutes!
But please help us clear
the table first.
Tra poco!
Ma prima aiutaci a
sparecchiare la tavola,
per favore.

Of course.
Certo

Meeting and Greeting
Incontri e saluti

Hello!
Ciao!

Hi!
Ciao!

How are you?
Come stai?

I am fine, thank you.
Bene, grazie.

What is your name?
Come ti chiami?

My name is Maria.
What is your name?
**Mi chiamo Maria,
e tu?**

My name is Susan.
Mi chiamo Susanna.

What a beautiful day!
Che bella giornata!

Do you live near the park?
Abiti vicino al parco?

Yes, I live across the street.
**Sì, vivo dall'altro lato
della strada.**

Where do you live?
Dove abiti?

I live on Main Street.
Abito su Main Street.

Do you know what time it is?
Sai che ore sono?

It is three o'clock.
Sono le tre in punto.

Oh, I have to go now.
Oh, devo andare.

It was nice to meet you.
Piacere di averti conosciuta.

Good-bye!
Ciao!

See you soon!
A presto!

Word List

A

a, at, 12
a, to, 105
a testa in giù, upside-down, 111
abbaiare, to bark, 14
abbastanza, enough, 35
abbraccio (l'), hug, 50
abito (l'), suit, 99
accarezzare, to pat, 75
acqua (l'), water, 114
adesso, now, 70
aeroplano (l'), airplane, 108
aeroporto (l'), airport, 8
afferrare, to grab, 43
affollato, crowded, 29
agosto, August, 12
ahi, ouch, 73
aiuto (l'), help, 48
albero (l'), tree, 107
alcuni, some, 96
all'aperto, outdoors, 73
allegro, happy, 47
alligatore (l'), alligator, 10
all'improvviso, suddenly, 99
alto, high, 48
alto, tall, 101
alto volume, loud, 60
altro, other, 73
amaca (l'), hammock, 47
amare, to love, 60
amico (l'), friend, 40
amore (l'), love, 60
anatra (l'), duck, 10
anche, too, 106
andar via, to leave, 58
andare, to go, 42
andare a, to ride, 85
andare d'accordo, to agree, 7
anello (l'), ring, 88
animale da compagnia (l'), pet, 78
anno (l'), year, 118
ape (l'), bee, 52
aperto, open, 72
appartamento (l'), apartment, 9
appiccicoso, sticky, 98
aprile, April, 9

aquilone (l'), kite, 56
arancia (l'), orange, 72
arancione, orange, 68
arcobaleno (l'), rainbow, 84
aria (l'), air, 7
armadillo (l'), armadillo, 9
arpa (l'), harp, 47
arrabbiato, mad, 61
arrivederci, good-bye, 42
arte (l'), art, 9
asciugamani (l'), towel, 106
asciutto, dry, 33
ascoltare, to listen, 59
asino (l'), donkey, 32
aspettare, to wait, 113
aspirapolvere (l'), vacuum cleaner, 112
assetato, thirsty, 104
attraverso, through, 104
aula (l'), classroom, 27
autobus (l'), bus, 108
autocarro (l'), truck, 108
automobile (l'), car, 108
autunno (l'), fall, 36
avere, to have, 47
avere bisogno di, to need, 66
avere fame, to be hungry, 50
avere paura, to be afraid, 7
avventura (l'), adventure, 7

B

bacca (la), berry, 16
bacio (il), kiss, 55
baffi (i), whiskers, 115
bagnato, wet, 114
bagno (il), bath, 14
bagno (il), bathroom, 86
ballare, to dance, 30
bambino (il), baby, 26
bambola (la), doll, 32
banana (la), banana, 13
banda (la), band, 13
bandiera (la), flag, 38
barattolo (il), jar, 54
barbiere (il), barber, 14
barca (la), boat, 108
barca a vela (la), sailboat, 108
baseball (il), baseball, 44

basso, low, 60
basso, short, 93
bastoncino (il), stick, 98
battere, to pound, 81
battere le mani, to clap, 26
bello, beautiful, 15
bene, well, 114
benvenuto, welcome, 114
bere, to drink, 33
berretto (il), cap, 24
bianco, white, 68
biblioteca (la), library, 58
bicicletta (la), bicycle, 108
biglietto (il), note, 70
bimbo (il), child, 13
biscotto (il), cookie, 28
blu, blue, 68
bocca (la), mouth, 76
bolla (la), bubble, 19
borsetta (la), purse, 82
bosco (il), woods, 117
bottiglia (la), bottle, 18
bottone (il), button, 20
bowling (il), bowling, 44
braccio (il), arm, 76
bruco (il), caterpillar, 52
brutto, ugly, 111
buca (la), hole, 49
buffo, funny, 40
buio, dark, 30
buono, good, 42
burro (il), butter, 20
bussare, to knock, 56

C

cadere, to fall, 36
calciare, to kick, 55
calcio (il), soccer, 44
caldo, hot, 49
caldo, warm, 113
calzini (i), socks, 24
cambiarsi, to change, 23
camera da letto (la), bedroom, 86
camicetta (la), blouse, 24
camicia (la), shirt, 24
cammello (il), camel, 21
camminare, to walk, 113

campagna (la), country, 29
campanello (il), bell, 16
campo giochi (il), playground, 80
cancello (il), gate, 41
candela (la), candle, 21
cane (il), dog, 32
canguro (il), kangaroo, 10
cantare, to sing, 94
cantina (la), basement, 86
canzone (la), song, 96
capelli (i), hair, 76
cappello (il), hat, 24
cappotto (il), coat, 24
capra (la), goat, 10
caramella (la), candy, 21
carino, cute, 29
carne (la), meat, 62
carota (la), carrot, 22
carta (la), card, 22
carta (la), paper, 74
cartina (la), map, 61
casa (la), house, 50
caserma dei pompieri (la), firehouse, 38
cassetta delle lettere (la), mailbox, 61
castello (il), castle, 22
cattivo, bad, 13
cavalletta (la), grasshopper, 52
cavallo (il), horse, 10
caverna (la), cave, 23
cena (la), dinner, 31
cento, hundred, 68
cercare, to try, 110
cerchio (il), circle, 26
cerniera lampo (la), zipper, 119
cerotto (il), bandage, 13
cervo (il), deer, 31
cespuglio (il), bush, 20
cestino (il), basket, 14
che cosa, what, 115
chi, who, 115
chiamare, to call, 21
chiave (la), key, 55
chiodo (il), nail, 66
chitarra (la), guitar, 46
chiudere, to close, 27
chiudere a chiave, to lock, 60

chiudere con la cerniera lampo, to zip up, 119
ciao, hello, 48
ciao, hi, 48
ciascun, each, 34
cibo (il), food, 39
ciclamino, purple, 68
ciclismo (il), biking, 44
cielo (il), sky, 94
ciliegia (la), cherry, 26
cinquanta, fifty, 68
cinque, five, 68
cintura (la), belt, 24
cioccolato (il), chocolate, 26
cipolla (la), onion, 72
circo (il), circus, 26
città (la), city, 26
città (la), town, 107
civetta (la), owl, 73
classe (la), class, 26
coda (la), tail, 101
colazione (la), breakfast, 18
collana (la), necklace, 66
collina (la), hill, 48
collo (il), neck, 76
colpire, to hit, 49
coltello (il), knife, 56
come, as, 9
come, how, 50
come, like, 59
cominciare, to begin, 15
commissariato di polizia (il), police station, 80
compleanno (il), birthday, 17
comprare, to buy, 20
computer (il), computer, 28
con, with, 116
confusione (la), mess, 63
coniglio (il), rabbit, 10
contare, to count, 28
contento, glad, 41
continuamente, again, 7
coperta (la), blanket, 17
copriorecchie (i), earmuffs, 24
coraggioso, brave, 18
correre, to run, 89
corsa (la), running, 44
cortile (il), yard, 118
cosa (la), thing, 103
così, so, 96
costruire, to build, 19
cravatta (la), tie, 24
credere, to believe, 16
crescere, to grow, 46
cricket (il), cricket, 52
cucchiaio (il), spoon, 97

cucciolo (il), puppy, 82
cucina (la), kitchen, 86
cucinare, to cook, 28
cuore (il), heart, 48

D

dall'altra parte, across, 7
dappertutto, everywhere, 35
dare, to give, 41
davvero, really, 85
decidere, to decide, 30
decisione (la), decision, 30
decorazioni (le), decorations, 30
delfino (il), dolphin, 32
dente (il), tooth, 76
dentista (il), dentist, 31
dentro, inside, 51
dentro, into, 51
desiderio (il), wish, 116
destro, right, 85
di (plus article), of, 71
di fronte, front, 40
di sole, sunny, 100
dicembre, December, 30
diciannove, nineteen, 68
diciassette, seventeen, 68
diciotto, eighteen, 68
dieci, ten, 68
dietro, behind, 16
difficile, difficult, 31
dimenticare, to forget, 39
dinosauro (il), dinosaur, 31
dire, to say, 91
disegnare, to draw, 33
disegno (il), drawing, 33
disegno (il), picture, 79
dito (il), finger, 76
dito del piede (il), toe, 76
divano (il), sofa, 96
diverso, different, 31
divertimento (il), fun, 40
dodici, twelve, 68
domanda (la), question, 83
domandare, to ask, 12
domani, tomorrow, 106
domenica, Sunday, 100
donna (la), woman, 117
dopo, after, 7
dormire, to sleep, 94
dottore (il), doctor, 32
dove, where, 115
drago (il), dragon, 33
due, two, 68
duro, hard, 47

E

e, and, 8
ecco, there, 103
educato, polite, 80
elefante (l'), elephant, 10
elicottero (l'), helicopter, 108
enorme, huge, 50
erba (l'), grass, 43
essere, to be, 14
est (l'), east, 34
estate (l'), summer, 100

F

fabbrica (la), factory, 36
faccia (la), face, 76
fagioli (i), beans, 15
falegname (il), carpenter, 22
famiglia (la), family, 36
fango (il), mud, 65
fantastico, great, 46
far cadere, to drop, 33
far male, to hurt, 50
far vedere, to show, 93
fare, to do, 32
fare, to make, 61
fare conoscenza, to meet, 63
fare trucchi, to play tricks, 107
fare il tifo, to cheer, 23
fare l'occhiolino, to wink, 116
fare le addizioni, to add, 7
fare spese, to shop, 92
fare una visita, to visit, 112
farfalla (la), butterfly, 52
febbraio, February, 37
fermarsi, to stop, 98
festa (la), party, 75
festeggiare, to celebrate, 23
film (il), movie, 65
finestra (la), window, 116
finire, to end, 35
fino a, until, 111
fiore (il), flower, 39
fischio (il), whistle, 115
fiume (il), river, 88
flauto (il), flute, 39
foglia (la), leaf, 57
forbici (le), scissors, 91
forchetta (la), fork, 39
formaggio (il), cheese, 23
formica (la), ant, 52
forno (il), oven, 73
forse, maybe, 62

fotografia (la), photograph, 78
fragola (la), strawberry, 99
francobollo (il), stamp, 97
fratello (il), brother, 19
freddo, cold, 28
frigorifero (il), refrigerator, 85
frutta (la), fruit, 40
fumo (il), smoke, 95
fuoco (il), fire, 37
fuori, out, 73
furgone (il), van, 108

G

gabbia (la), cage, 21
gallo (il), rooster, 10
gamba (la), leg, 76
gara (la), race, 84
garage (il), garage, 86
gattino (il), kitten, 56
gatto (il), cat, 22
gelato (il), ice cream, 51
gemelli (i), twins, 110
genitore (il), parent, 74
gennaio, January, 54
gente (la), people, 78
gentile, kind, 55
gesso (il), chalk, 23
ghiaccio (il), ice, 51
già, already, 8
giacca (la), jacket, 24
giaguaro (il), jaguar, 10
giallo, yellow, 68
giardino (il), garden, 41
gilet (il), vest, 24
ginocchio (il), knee, 76
giocare, to play, 79
giocattolo (il), toy, 107
gioco (il), game, 41
giornale (il), newspaper, 66
giorno (il), day, 30
giovedì, Thursday, 105
giraffa (la), giraffe, 10
girare, to turn, 110
girasole (il), sunflower, 100
giù, down, 32
giugno, June, 54
goccia di pioggia (la), raindrop, 84
golf (il), golf, 44
gonna (la), skirt, 24
gorilla (il), gorilla, 43
grasso, fat, 36
grazioso, pretty, 81
grembo (il), lap, 57

grigio, gray, 68
grillo (il), cricket, 44
grosso, big, 16
gruppo (il), group, 46
guadagnare, to earn, 34
guanciale (il), pillow, 79
guanti (i), gloves, 24
guardare, to look, 60
guardare, to watch, 113
guidare, to drive, 33
gustare, to taste, 76

H

hotel (l'), hotel, 49
hurrah, hooray, 49

I

idea (l'), idea, 51
identico, same, 90
ieri, yesterday, 118
impermeabile (l'), raincoat, 24
importante, important, 51
in, in, 51
in cima, top, 106
in punto, o'clock, 71
inciamparsi, to trip, 107
indicare con il dito, to point, 80
indovinare, to guess, 46
infermiere (l'), nurse, 70
ingresso (l'), hall, 86
iniziare, to start, 98
insalata (l'), salad, 90
insegna (l'), sign, 93
insetto (l'), bug, 19
insieme, together, 106
intero, whole, 116
intorno, around, 9
inverno (l'), winter, 116
io, I, 51
ippopotamo (l'),
    hippopotamus, 10
isola (l'), island, 51

J

K

L

lacrima (la), tear, 101
lago (il), lake, 57
lama (il), llama, 10
lampada (la), lamp, 57
lampo (il), lightning, 59
lasciare, to let, 58
lato (il), side, 93
latte (il), milk, 63
lattina (la), can, 21
lavanderia (la), laundry room,
    86
lavare, to wash, 113
lavorare, to work, 117
lavoro (il), job, 54
lavoro (il), work, 117
leccare, to lick, 58
leccornia (la), treat, 107
legare, to tie, 105
leggere, to read, 84
lei, she, 92
lento, slow, 95
leone (il), lion, 10
leopardo (il), leopard, 58
lettera (la), letter, 58
letto (il), bed, 15
libreria (la), bookstore, 17
libro (il), book, 17
limone (il), lemon, 58
linea (la), line, 59
litigare, to quarrel, 83
lontano, far, 36
lontano, faraway, 36
loro, their, 103
loro, them, 103
loro, they, 103
lucciola (la), firefly, 52
luce (la), light, 59
luglio, July, 54
lui, he, 47
lumaca (la), snail, 95
luna (la), moon, 64
lunedì, Monday, 64
lungo, along, 8
lungo, long, 60

M

ma, but, 20
macchina fotografica (la), camera,
    21
madre (la), mother, 65
maestro (il), teacher, 101
maggio, May, 62

maggior parte (la), most, 64
maglione (il), sweater, 24
magro, thin, 103
mai, never, 66
maiale (il), pig, 10
malato, sick, 93
mamma (la), mom, 64
mandare, to send, 92
mangiare, to eat, 34
mango (il), mango, 61
mano (la), hand, 76
manopole (le), mittens, 24
mantide (la), mantis, 52
maraca (la), maraca, 62
marciapiede (il), sidewalk, 93
mare (il), sea, 91
marito (il), husband, 50
marmellata (la), jam, 54
marroncino, tan, 68
marrone, brown, 68
martedì, Tuesday, 110
martello (il), hammer, 47
marzo, March, 62
massaggiare, to rub, 89
matematica (la), math, 62
matita (la), pencil, 75
mattino (il), morning, 64
mazza (la), bat, 14
medicina (la), medicine, 62
meglio, better, 16
mela (la), apple, 9
mentre, while, 115
meraviglioso, wonderful, 117
mercoledì, Wednesday, 114
mescolare, to mix, 63
mese (il), month, 64
metà (la), half, 47
metropolitana (la), subway, 108
mettere, to place, 79
mettere, to put, 82
mettere i piedi, to step, 98
mezzogiorno (il), noon, 67
mi, me, 62
miao, meow, 63
migliore (il), best, 16
mille, thousand, 68
minuto (il), minute, 63
mio, my, 65
moglie, (la), wife, 116
molti, many, 61
moltissimi, lots, 60
molto, much, 65
molto, very, 112
mondo (il), world, 117
montagna (la), mountain, 65

mosca (la), fly, 52
motocicletta (la), motorcycle, 108
mucca (la), cow, 10
muro (il), wall, 113
musica (la), music, 65

N

nacchere (le), castanets, 22
nascondersi, to hide, 48
naso (il), nose, 76
nebbia (la), fog, 39
negozio (il), store, 98
nero, black, 68
neve (la), snow, 95
nido (il), nest, 66
niente, nothing, 70
no, no, 67
nocciola (la), nut, 70
noi, us, 111
noi, we, 114
nome (il), name, 66
non, not, 70
nonna (la), grandma, 43
nonna (la), grandmother, 43
nonno (il), grandfather, 43
nonno (il), grandpa, 43
nord (il), north, 70
notte (la), night, 67
novanta, ninety, 68
nove, nine, 68
novembre, November, 70
numero (il), number, 70
nuotare, to swim, 100
nuoto (il), swimming, 44
nuovo, new, 66
nuvola (la), cloud, 27

O

oca (l'), goose, 42
occhiali (gli), glasses, 42
occhio (l'), eye, 76
occupato, busy, 20
oceano (l'), ocean, 71
odorare, to smell, 76
oggi, today, 105
ogni cosa, everything, 35
ogni, every, 35
ognuno, everyone, 35
oh, oh, 71
ombrello (l'), umbrella, 111
oppure, or, 72
ora (l'), hour, 50
orecchio (l'), ear, 76